KB197615

한국의 교육, 독일의
직업교육과 평생교육을 만나다

지은이

김춘식 金春植, Chun-Shik Kim

독일 함부르크대학교(Universität Hamburg)에서 석사학위(역사학 · 교육학 · 정치학)와 박사학위(서양근현대사)를 취득했고, 동 대학 역사학부 강의교수, 포항공과대학교(POSTECH) 인문사회학부 교수를 거쳐 현재 동신대학교에서 창의융합교육을 하고 있다. 독일의 역사와 문화, 독일의 직업교육과 평생교육, 최근에는 '지역학'과 '창의융합 발표토론 교육프로그램(CCEP)'에 관한 다수의 논문을 발표하고 있다. 2014년에 한-독 정부 간 '직업교육 및 고등교육 교류와 협력프로그램 추진'에 중추적 역할을 수행했으며, 초대 한독 통일역사교육포럼위원장(2014)을 포함해 한독 교사 · 학생 교류, 한독 간 교육 분야의 교류와 협력에 기여해 오고 있다. 한독 교류의 성과를 인정받아 독일 연방교육연구부(BMBF)와 아헨공대(RWTH)에서 주관하는 2024년 '칼만 해외 석학(Theodore von Kármán Fellow)'에 인문학자로서 최초로 선정되었다. 교육부 고등교육 및 직업교육 정책 자문위원(2010~2020), 국가교육위원회 미래과학인재양성 전문위원(2023~2024), 23 / 24기 통일부 통일교육위원, (사)한국독일네트워크(ADeKo)의 이사 겸 인문교육위원장, 현 교육부 농어촌 '우리동네 예술학교' 총괄운영위원장, 현 건강보험심사평가원(광주) 열린경영위원장, 현 전라남도 인재육성 정책자문위원 및 국제교류자문관으로 활동하고 있다.

한국의 교육, 독일의 직업교육과 평생교육을 만나다

초판발행 2025년 2월 10일

지은이 김춘식
기획 포스텍 융합문명연구원
펴낸이 박성모
펴낸곳 소명출판
출판등록 제1998-000017호
주소 서울시 서초구 사임당로14길 15 서광빌딩 2층
전화 02-585-7840
팩스 02-585-7848
이메일 somyungbooks@daum.net
홈페이지 www.somyong.co.kr

ISBN 979-11-5905-478-5 03370
정가 15,000원

한국의 교육, 독일의 직업교육과 평생교육을 만나다

Korean Education Converges with German Vocational Education and Lifelong Education

김춘식 지음

서문

저자는 『한국의 교육, 독일의 직업교육과 평생교육을 만나다』를 통해 독자들에게 독일의 직업교육과 평생교육을 소개하고, 나아가 이것들이 한국교육에 주는 시사점을 제안하고자 한다. 독일의 직업교육제도, 특히 2000년대 초반부터 주목받고 있는 '대학 이원화 교육제도Duales Studium'는 현재 한국의 중등 단계의 직업교육과 고등직업교육 분야에서 참고할 만한 중요한 모델로 자리잡고 있다. 2016년 이후 독일은 국가전략인 '인더스트리 4.0'을 통해 디지털 전환과 제조 기술 혁신을 이루고, 인공지능Artificial Intelligence 기술을 중심으로 한 첨단 산업 분야의 인력 양성을 목표로 '직업교육훈련 4.0' 정책을 추진해 오고 있다. 하지만 낮은 출산율과 고령화 문제로 독일은 여전히 인력난에 직면해 있으며, 이를 해결하기 위해 정부와 산업계가 협력하여 숙련 인력 확보를 위한 법제도적 지원에 큰 노력을 기울이고 있다. 한국 역시 인구구조의 변화로 인한 복합적인 인력 문제를 안고 있는 만큼, 이 책을 통해 독일의 경험과 도전을 살펴보며 한국의 직업교육과 평생교육 정책에 작게나마 도움이 되기를 기대한다.

사실, 저자의 독일 유학 경험은 직업교육과 평생교육에 대한 관한 최초의 관심을 갖게 하는 계기가 되었다. 독일에서는 학벌이나 사회적 지위에 따른 차별이 거의 없으며, 대학을 졸업한 사람과 직업교육을 이수한 사람이 큰 차이 없이 대우받는 모습을 보면서, 저자는 새로운 시각으로 교육을 바라보게 되었다. 이러한 경험들은 저자로 하여금 역사학을 전공하면서도 교육학과 정치학을 부전공으로 공부하며 다학제적 접근을 시도하도록 했고, 결과적으로 보다 융합적인 사유와 지식을 쌓을 수 있는 기회가 되었다.

그러나 저자가 이 책의 집필을 결심하게 된 배경에는 교육부 '고등교육 및 직업훈련교육' 국제협력 자문위원, 한국대학교육협의회 '대학생 해외인턴십' 사업관리위원, 한국전문대학교육협의회 '전문대학평가인증위원회' 부위원장 등으로 활동하며 쌓아 온 경험들이 큰 영향을 미쳤다. 또한 「독일 평생교육의 역사와 한국에의 시사점」2017, 「독일과 한국의 직업교육과 고등직업교육」2019, 「독일대학 이원화 교육의 역사와 최근 현황 및 한국에의 시사점」2022, 「독일 고등직업교육의 확대와 대학 이원화 및 삼원회 직업교육제도」2023 등의 논문은 필자가 독일과 한국의 직업교육과 평생교육에 대한 꾸준한 관심과 노력을 반영한 작은 결실이라 할 수 있다.

2022년 포스텍 문명연구원의 독일 직업교육과 평생교육 관련 서적 집필 제안은 저자에게 이 책을 출간하게 된 결정적인 계기가 되었다. 저자가 포스텍 인문사회학부 재직 시절부터 한국과 독일 간의 다양한 학술 및 교육 교류에 적극적으로 참여했던 경험이 이러한 제안으로 이어졌다고 생각한다.

이 책은 기존의 훌륭한 연구자들의 연구 결과에 저자가 발표했던 몇 편의 논문과 기고문을 더해 한 권의 서적으로 엮은 것이다. 책의 내용에는 부족함이 많지만, 관련 분야의 전문가와 독자들의 비판과 조언을 겸허히 수용하여 계속해서 보완해 나갈 계획이다. 본문에 각주와 서지사항을 생략한 대신, 참고문헌 목록에 관련 자료를 모두 수록했으며, 혹여 누락된 부분이 있다면 너그러운 양해를 부탁한다. 단지 이 책이 독일의 직업교육과 평생교육 시스템을 한국의 현실에 맞게 적용할 수 있는 방안을 고민한 작은 결과물로 여겨지길 바란다. 그럼에도 이 책이 독일의 교육 모델을 통해 한국교육의 미래를 고민하는 교육 전문가, 연구자, 교육정책 관계자들에게 유용한 참고자료가 되고, 독일교육에 관심이 있는 일반 독자들에게는 친절한 안내서가 되기를 희망한다. 나아가 한국과 독일 간의 교육 협력과 교류가 더욱 활발하게 이루어지는 데 작은 기여가 되기를 기대한다.

이 책을 올해 가을부터 함부르크대학교에서 공부하고 있는 사랑하는 딸, 린하에게 헌정한다. 독일에서 태어나 이제 청년이 된 '한국의 딸' 린하가 조금씩 한국의 문화와 언어, 그리고 역사에 대한 관심을 키워 가고 있는 모습을 지켜보며, 이 책이 린하의 관심에 작은 도움이 되기를 진심으로 바란다.

마지막으로 이 서적의 출간을 아낌없이 지원해 주시고 결과를 인내로 기다려 주신 포스텍 인문사회학부의 박상준 교수님전 융합문명연구원장께 특별한 감사를 드린다. 또한 세심한 교정과 조언을 해주신 최부식 시인님, 정교하고 세련된 편집작업을 통해 이 책을 한층 더 빛나게 해 주신 소명출판의 전온유 편집자님께도 깊은 감사의 마음을 전한다.

2025년 2월 목사골 나주에서

김춘식

차례

독일의 초등학생

들어가며

독일의
직업교육과 평생교육에서
무엇을 배울 수 있는가?

대학을 졸업해도 취업이 점점 더 어려워지는 국내 노동시장의 여건은 중등 및 고등교육 단계에서 직업교육의 중요성과 필요성, 그리고 이에 대한 정부의 정책전환을 더욱 절실하게 요구하고 있다. 물론 한국 정부는 적어도 지난 2000년도 후반부에 들어서 이미 특성화고와 마이스터고와 같은 중등교육단계의 직업고등학교 졸업생의 선취업과 후진학 지원을 위한 법제도적 개선과 더불어 다양한 형태의 재정지원을 해 오고 있다. 그럼에도 정부의 산학일체형 직업교육 확대정책은 아직 독일에서와 같은 안정적인 이원화 직업교육훈련으로 정착되지 못하고 있다. 정부가 시행한 수년간의 다양한 직업교육정책에도 불구하고 그 성과가 미진한 이유는 어디에 있을까?

무엇보다도 우선 한국에서는 아직까지도 직업에 대한 사회적 편견과 차별이 존재하기 때문이다. 직업교육에 대한 왜곡된 인식은 한국 사회에 매우 뿌리 깊게 자리한 학벌중심과 서열화라는 계서적인 교육문화에서 기인한다. 또한 이러한 잘못된 직업인식은 인공지능을 필두로 한 첨단과학기술문명사회를 사는 오늘날까지도 한국 산업발전에 필수적인 영역인 직업교육의 발전에 가장 큰 장애이자, 나아가 직업교육을 원하는 다수의 젊은이들에게 커다란 좌절감을 안겨 주고 있다. 둘째로 한국의 중등단계 직업교육과정은 아직 학교교육에 그 중심이 있기 때문이다. 현장과 괴리되지

〈그림 1〉 서울 코엑스 '2023 제1차 KB굿잡 우수기업 취업박람회' (출처 : 대한경제, 2024.1)

않는 직업인력을 양성하기 위해서는 직업훈련과정에서 가장 중요한 주체 중의 하나인 산업체나 산업별 협회의 직업교육훈련과정에 참여가 필수적이다. 그러나 한국의 경우 직업교육에 산업체의 참여가 미진하다. 이러한 문제로 인해 한국의 중등단계 직업교육기관에서 배출한 졸업생의 취업률은 갈수록 하향곡선을 나타내고 있으며, 취업의 질과 잔존율 또한 감소하고 있다. 특히 지난 2010년부터 시작되었던 마이스터고등학교 졸업생들마저 2020년대에 들어와 취업보다는 대학진학을 더 선호하고 있다는 현실은 미래 우리 산업의 허리를 지탱하게 될 직업인력의 고갈을 예고하고 있기에 그 심각성이 더욱 크다. 그나마 마이스터고의 취업률은 다른 직업계고보다는 높은 편으로, 2024년 전체 직업계고의 졸업생 취업률은 26.3%에 그쳤다.

그러나 한국의 직업교육의 문제는 비단 중등단계의 직업교육의 문제에 국한하지 않는다는 점에 있다. 이미 대학을 졸업한 청년층의 일자리와 고용확대 문제는 어제오늘의 문제가 아니다. 교육부가 시행하고 있는 다양한 대학재정지원사업의 대부분은 산업과 사회의 수요에 적합한 인재를 양성하는 것에 중점을 두고 있다. 그러나 그 정책의 실효성에 의문을 제기하는 고등교육전문가들이 적지 않다. 물론 기업은 기업대로 대학 졸업자들을 직접 기업현장에 투입하기에는 대졸 취업자들의 역량이 턱없이 부족하다고 아우성이다. 소위 고등직업교육과 기업의 미스매치 현상이 매우 심각하다는 것이다. 사실 청년층 일자리 문제는 일자리 자체의 문제이기보다는 청년층 구직자와 일자리의 미스매치가 심한 것도 주요한 원인 중의 하나이다. 청년층 구직자의 대기업 선호도는 높은 반면 중소기업은 구인난을 겪고 있으며, 취업 이후 직무능력의 부족으로 이직 사례도 많다. 심지어 어느 대기업은 최소한 대학졸업생 1명을 직무현장에 투입하는 데에도 최소한 1년 정도의 교육기간이 필요하며, 그 비용도 1억 원 정도에 달한다고 한다. 때문에 한국의 직업교육은 기업현장의 요구를 반영해 실무 중심의 교육과정으로의 혁신적인 변화를 이루어야 한다.

물론 한국 정부도 이러한 구조적인 문제를 해결하기 위해 독일의 고등단계 이원화 직업교육제도와 유사한 새로운 유형의 고등직업교육체제를 도입해 시행하고 있다. 이러한 변화의 첫 번째 시도로 2021년 교육부는 '전문기술석사' 학위가 주어지는 '전문대학 혁신안'을 발표하고, 2022년부터 특성화 교육인 '마이스터대' 사업을 추진하고 있다. 그리고 2021년 시범사업으로 운영되었던

'마이스터대'를 2022년에는 14개로 확대했으며, 2023학년도 전문대학 기술석사과정 인가 결과를 발표하고, 전문대 8개교, 정원 122명 규모의 10개 과정을 최종 인가하였다. 이른바 '마이스터대'라고 부르는 이 사업은 일반대에서만 수여할 수 있었던 석사 학위를 전문대에서도 운영할 수 있도록 한 제도이다. 그리고 마이스터대 인가를 받은 전문대는 직무 중심 석사교육과정을 제공하며, 신기술·신산업 분야 고숙련 전문기술 인재를 양성하는 것을 목적으로 하고 있다.

중등단계 및 고등단계 직업교육훈련 분야에서의 이러한 변화와 더불어 적어도 지난 2015년부터 한국에서는 기존 보건과 건강, 그리고 여가와 복지를 위주로 하는 시민 평생교육프로그램에서 '직업교육과 연계'된 평생직업교육체제로의 전환을 서두르고 있다. 그리고 이러한 변화는 중등단계와 고등단계의 직업교육의 상호 연계되고 있으며, 특히 고등교육 단계로 확장되고 있다는 것을 의미한다. 특히 고등교육의 영역에서 평생직업교육체제로의 전환은 출산율 저하로 인한 학령인구감소에 대한 필수불가결한 정책적 대응이다. 또한 고등직업교육과 평생교육의 결합은 초지능정보사회-초연결사회로 전이되는 4차산업혁명시대의 첨단 디지털 기술사회에 적응하기 위한 직업교육의 고도화에 필수적인 요건이라는 것을 전제하고 있다. 바야흐로 이제 직업교육은 중등교육 단계와 고등교육 단계의 연계, 나아가 평생교육과의 통합으로 '평생직업교육체제'로 전환되고 있다. 추가로 인구감소와 지방소멸에 대응하고자 혁신적인 지방대학살리기사업이 추진되고 있다. 예컨대 기존 전문대학과 같은 고등직업교육기관도 2023년 이래 교육부가 시행하고 있는 지방대학지원사업인 '글로컬30' 등을 통해 수도권과 지방의 차이를 줄임과 동시에 기존 4년제 대학과의 경쟁력에도 뒤지지 않는 대학의 혁신적인 특성화와 글로벌화에 사활을 걸고 있다. 전문대학의 혁신적인 노력과 동시에 기존 소위 4년제 '교육' 중심 대학들도 기존 전문대학에서 시행했던 '전문학사제도'를 적극적으로 도입함으로써 한국의 고등교육구조 개편에 주목할 만한 변화가 시작되었다고 할 수 있다.

한편 중등단계 및 고등단계 직업교육훈련 분야에서의 이러한 변화와 더불어 적어도 지난 2015년부터 한국에서는 기존 보건과 건강, 그리고 여가와 복지를 위주로 하는 시민교양 중심의 평생교육프로그램에서 직업(재)교육과 연계된 평생직업교육체제로의 전환을 서두르고 있다. 그리고 이러한 변화는 중등단계와 고등단계의 직업교육이 상호 연계되고 있으며, 고등교육단계의 직업교육으로 확장되고 있다는 것을 의미한다. 특히 고등교육의 영역에서 평생직업교육체제로의 전환은 합계출산율 저하가 동반하는 학령인구감소에 대응하려는 필수불가결한 정책이다. 또한 고등직업교육과 평생교육의 결합은 초지능정보사회-초연결사회로 전이되는 4차산업혁명시대의 첨단 디지털기술사회에 적응과 이에 따른 직업교육의 고도화에 필수적인 요건이라는 것을 전제하고 있다. 바야흐로 이제 직업교육은 중등교육단계와 고등교육단계의 연계, 나아가 평생교육과도 통합되는 '평생직업교육체제로'의 전환되고 있는 것이다.

독일에서는 지난 2000년대 초반부터 중등단계의 직업교육훈련을 넘어 고등단계의 직업교육인 '이원화 대학교육제도'로 직업교육의 고도화를 진행하고 있다. 최근 독일에서는 이원화 대학교육제도를 시행하고 있는 일반 대학들이 증가하고 있다. 기존 실무와 응용기술인력 양성을 주로 담당하고 있는 고등직업아카데미 Berufsakademie와 응용과학대학 Fachhochschule을 넘어 소위 학술연구 중심인 일반대학 Universität까지 확산되고 있다. 특히 지역의 산업수요에 맞추어 특성화된 '소수다전공' 혹은 '소수다품종' 교육과정을 마련해 '맞춤형 고등직업교육'을 시행함으로써 지역의 산업에도 크게 기여하고 있다. 예컨대, 졸업 후 취업률이 99%나 되는 독일의 미텔슈탄트대학교 Fachhochschule des Mittelstands, FHM는 이원화 교육과정을 제공하는 대표적인 대학이다. 미텔슈탄트대학 혹은 중소기업대학으로 한국에도 잘 알려진 이 사립 응용과학대학 University of applied Sciences은 인구감소와 지방소멸에 대응하기 위해 지방의 대학을 지원하고, 지방의 인구유출을 막고, 궁극적으로 지역사랑인재를 양성하기 위해 노력하고 있는 한국의 고등직업교육정책의 중요한 모델이다.

한편 직업교육에 관한 한 세계적 모델국가인 독일은 오래전부터 직업교육을 성인교육Erwachsenenbildung 혹은 평생교육과 연계해 고용안전과 경제발전의 시금석으로 삼고 있다. 특히 평생교육의 구체적인 구현행위로서의 계속교육Weiterbildung은 성인들이 스스로 창조해 가는 삶이 가능하도록 직무능력의 향상과 자기계발을 지원하는 것에 중점을 두고 있다. 그리고 독일의 평생교육은 직업적 평생교육·일반교육·정치교육 세 영역으로 구분해 시행되고 있으며, 독일의 평생교육이 지향하는 세 가지 특징은 직업능력의 향상, 사회적 통합을 위한 교육, 문화예술 능력의 향상을 지원하는 것에 있다. 그리고 노동시장에서 소외된 계층을 지원하기 위한 기술교육 지원 및 직업재교육 분야의 지원도 간과하지 않고 있다. 독일의 평생교육은 개인적인 차원에서는 개인이 가지는 무한한 잠재적 가능성을 계발하도록 해줌으로써 "삶의 질 향상과 자아실현의 달성"을 돕는 것을 목표로 하고 있다. 또한 사회적인 차원에서는 개인들이 건강한 사회를 이루어 "사회의 안녕과 복지를 증진"시키는 것을 지원하는 것이다. 이처럼 독일의 평생교육은 이미 자아실현이나 행복과 같은 개인적인 의미를 넘어 노동과 직업과 같은 사회경제적 의미로 확장하고 있는 것이다. 이러한 관점에서 중등 및 고등단계의 이원화 직업교육제도와 평생교육이 잘 연계된 독일의 직업교육시스템은 한국의 직업교육정책의 수립에 매우 중요한 시사점을 줄 수 있다.

서문에서 언급했듯이 이 서적은 직업교육과 평생교육 분야에서 성공적인 모델을 창출해 낸 독일의 사례를 소개하는 것을 목표로 하고 있다. 이러한 목표에 따라 먼저 독일의 교육시스템에 관한 일반적인 소개와 더불어 독일의 교육제도에서 직업교육과 평생교육이 차지하는 위상과 상호연관성을 살펴보겠다. 이를 통해 4차산업혁명이 동반하고 있는 디지털전환에 대응한 독일의 직업교육과 평생교육 분야에서의 변화와 혁신을 위한 노력을 볼 수 있을 것이다. 특히 출산율 저하와 고령화에 대응해 일반 직업교육과 고등직업교육의 변화, 특히 갈수록 가속화되는 전문인력 부족현상에 대한 독일의 대응은 주목할 필요가 있다. 독일이 현재 겪고 있는 이러한 상황과 대응은 한국의 직업교육과 평생교육 분야에서의 변화와 혁신에 중요한 사례가 될 것이다.

제2장

독일의 교육제도

〈그림 2〉 독일연방공화국(BRD)(출처 : 위키스)

독일연방공화국Bundesrepublik Deutschland의 전체 인구는 8,460만 명이며, 면적은 35만 7,580km²로 한반도의 1.6배 정도이다. 독일의 수도는 인구 367만 명의 베를린이며, 두 번째로 큰 도시는 인구 184만 명을 가진 한자도시 함부르크Hamburg이다. 독일은 주변에 9개 국가와 국경을 접하고 있으며, 북쪽으로 북해Nordsee와 발트해Baltic sea에 면하고 덴마크와 접하며, 동쪽으로 폴란드와 체코, 남쪽으로 오스트리아와 스위스, 서쪽으로 프랑스와 룩셈부르크·벨기에·네덜란드와 접하고 있다. 독일의 종교 비율은 가톨릭30.8%과 개신교26.4%, 이슬람교5.5%, 무교 또는 기타37% 등으로 구성되어 있다.

독일의 교육제도는 기본적으로 미국이나 유럽의 다른 나라들과는 다른 독자적인 시스템을 채택하고 있다. 독일의 교육제도는 각 주Land, 州마다 복잡하고 다양한 제도를 실시하고 있으므로, 한국의 초중고의 소위 6년-3년-3년 교육 연한처럼 명확하게 분류하기가 쉽지 않다. 독일이 이러한 교육제도를 운영하는 근본적인 이유는 '우수한 인력의 조기 발견'과 '직업교육을 통한 경제 인력의 확보'를 위한 것이다. 그만큼 직업교육은 독일의 정규교육의 가장 큰 두 개의 축 중 하나이다.

또한 독일은 연방Bund의 「기본법Grundgesetz」 제30조에 따라 교육과 문화에 관한 사안은 주의 고유한 권리를 보장하는 소위 '문화주권Kulturhoheit'을 보장하고 있다. 이 문화주권에 따라 독일의 교육은 각 주의 소관사항이기에 연방을 구성하고 있는 16개 주들은 각기 상이한 교육체계와 더불어 다양한 학교유형으로 운영되고 있다. 물론 의무교육 및 편제 그리고 학제의 인정 등 독일 전체 교육의 기본구조는 개별 주들 간의 합의와 협정에 따른다. 특히 학교교육은 독일 전역을 포괄하지는 않지만 교육체제와 관련된 공통적인 사안은 개별 주의 교육문화장관들의 협의체 성격인 연방교육문화장관협의회Kultusministerkonferenz, KMK에서 결정한다. 교육행정은 각 주의 독자적인 권한이며, 교육과정, 필수 과목, 학습 수준 등 전체 독일의 통일된 교육문제를 협의하기 위해 교육문화장관연방협의회를 두고 있는 것이다. 참고로 KMK의 의장은 매년 독일의 16개 주의 교육문화를 담당하고 있는 장관이 1년 주기로 돌아가면서 맡고 있다. KMK는 전체 독일 연방에 공통으로 적용될 필요가 있는 학업성취기준을 마련하기 위하여 2004년에 베를린 훔볼트 대학에 '학교교육의 질 관리 연구소Institut zur Qualitatsentwicklung im Bildungswesen, IQB'를 설치하였다. 바이에른 주의 경우 국립 학교교육의 질 및 교육연구원Staatsinstitut für Schulqualität und Bildungsforschung München, ISB Bayern을 두고 있다. 이처럼 독일의 교육제도는 연방 정부하에 통일된 제도에 따른 운영이 아니라, 개별 주 정부의 관장하에 이루어지는 지방교육자치의 형태이다.

한편 큰 틀에서 독일의 교육제도는 독일 전역에서 공통적으로 운영되는 유치원이 있으며, 유치원을 졸업한 어린이는 일반적으로 한국의 초등학교에 준하는 기초학교Grundschule에서 4년, 중등학교에 준하는 김나지움Gymnasium에서 8~9년, 총 12~13년의 교육과정을 거치게 되고, 이 과정을 졸업하고 나면 한국의 수능시험과 유사한 아비투어Abitur에 응시자격을 얻게 된다. 중등교육은 주로 3개 영역으로 구분된다. 한국의 인문계 교육과정에 해당되는 김나지움, 실업계 중등학교 과정은 레알슐레Realschule, 기초직업교육은 하우프트슐레Hauptschule 등으로 나누어 진다. 실제로 독일에서는 기초학교를 마친 전체 학생 중 절반 이상이 실업학교나 직업학교에 진학해 직업교육을 이수한 후 사회에 진출하고 있다.

독일은 만 6세부터 시작하여 12년 동안을 의무교육으로 정하고 있는데 독일의 의무교육은 일반교육에 한정되지 않고 일부 직업교육과도 연계된 기간을 포함한다. 일반적으로 독일의 정규학교 의무교육은 9년 — 베를린Berlin과 노르트라인-베스트팔렌Nordrhein-Westfalen주는 10년 — 이며, 의무교육과정을 졸업한 후 계속해서 정규학교에 진학하지 않는 학생은 최소한 3년간 의무적으로 직업학교에 진학해야 한다. 또한 독일 모든 주의 학교교육은 등록금을 지불하지 않으며, '교육받을 권리'를 보유한 전국민에게 다양하고 폭넓은 교육 기회를 제공하고 있다. 특별히 독일교육의 가장 큰 장점 중의 하나는 일반 교육제도와 직업교육제도의 요소들

〈그림 3〉 독일 교육시스템 기본 구조 (출처 : BMBF 2004)

이 상호전환이 가능하다는 것이다. 나아가 기초학교 이후 오리엔테이션 과정10~12세(5~6학년) 중에, 혹은 오리엔테이션 과정을 마친 후에도 옮길 수 있다. 또한 일찍이 취업을 선택한 젊은이들에게도 인문계와 실업계 고등학교 등 다른 학교의 졸업장을 취득하거나 대학진학의 문도 활짝 열어 놓고 있다.

1) 유치원과 초·중등교육

독일의 유치원은 취학 전 단계로서 독일의 전통적인 교육의 기초가 된다. 만 6세가 되는 어린이는 유치원Kindergarten에서 취학 전 교육을 받게 된다. 독일의 유치원 교육은 의무교육이 아니기 때문에 유치원에 보내는 것은 부모의 의사에 달려 있고 놀이 중심의 사회성 함양을 목표로 하고 있으며, 공·사립을 막론하고 모두 유상교육을 원칙으로 하고 있다.

그러나 독일의 '정규교육과정'은 크게 3개의 영역인 초등교육, 중등교육, 고등교육으로 구분된다. 이 중 초등교육은 한국의 초등학교에 해당하지만, 만 6세에 입학하고 주로 복수담임제에 4년제라는 점이 다르다. 예외적으로 베를린과 브란덴부르크Brandenburg주는 6년제이다.

〈그림 4〉 교사와의 초등학생들의 산림하이킹

거의 모든 독일의 연방주에서는 초등학교 1~2학년까지의 성적을 정량적으로 평가하지 않고, 학생 개개인의 발달상황을 기술하는 것에 중점을 둔다. 아울러 주로 초등학생들의 긍정적인 부분은 칭찬으로 장려하고, 부진한 학습영역에 대한 개선방안을 서술한다. 학습발달 상황에 관한 기술 외 〈그림 4〉에서 볼 수 있듯이 학교학습 외 외부 프로그램 참여 등 비교과 분야에 대한 교사의 견해를 표명하기도 한다. 비교과 역량에서 교사는 개별 학생들의 자기주도역량, 사회 및 소통역량, 학습방법역량으로 구분해 각기 매우 약함 / 약함 / 강함 / 매우 강함에 체크를 하는 방식이다. 또한

GRUNDSCHULE
ZEUGNIS

geboren am 2006 Jahrgangsstufe 2b

Angaben zur individuellen Lernentwicklung und zum erreichten Lernstand:

Liebe

nach wie vor kommst du jeden Tag lernbereit und wissbegierig in die Schule. Deine ruhige und freundliche Art wird von uns allen geschätzt. Du bist eine beliebte Spiel- und Arbeitspartnerin, die Streitigkeiten vermeidet. In diesem Schuljahr hast du anderen Kindern viel mehr und geduldig geholfen. Das ist schön! Zu uns Lehrerinnen bist du höflich und hilfsbereit. Du magst es, Zusatzaufgaben für die Klasse zu übernehmen. Deine Ämter führst du zuverlässig aus. Weiter so!

Im **Morgenkreis** und an **Unterrichtsgesprächen** beteiligst du dich aufmerksam und bringst durchdachte Beiträge. Du meldest dich oft. Im **Klassenrat** hörst du gut zu und erfasst die Probleme. Du bringst dich aber noch selten durch sinnvolle Tipps ein.

Schriftliche Aufgaben nimmst du wie bisher freudig und interessiert in Angriff. Du arbeitest über lange Zeiträume konzentriert und ausdauernd und gibst auch bei schwierigen Aufgaben nicht auf. Dabei gehst du in einem sehr schnellen Tempo vor. Du solltest deine Ergebnisse noch einmal überprüfen, bevor du sie abgibst. Die Zeit dazu hast du und du kannst so Flüchtigkeitsfehler vermeiden. Inzwischen arbeitest du auch gerne mal mit einer Partnerin zusammen und setzt dich dabei verantwortungsvoll für ein gutes Ergebnis ein. Freiwillige Aufgaben übernimmst du mit größter Freude! Bei der **Logbucharbeit** hast du einen guten Überblick und kannst dir deine Zeit gut einteilen, so schaffst du auch immer viele Zusatzaufgaben. Deine Lernziele nimmst du ernst.

Im **Deutschunterricht** schreibst du gern lange Geschichten. Du hast nette Ideen und wendest schon sehr viele Rechtschreibregeln an. Prima! Du arbeitest schnell und inzwischen auch gründlich in den Leseheften und liest auch lange Texte flüssig und gut betont vor! Bei Antolin hast du viele Punkte gesammelt. Weiter so! Du forderst zusätzliches Material an und beschäftigst dich zum Teil schon mit dem Stoff der 3. Klasse. Nimm dir für die Meilensteine-Hefte mehr Zeit, damit sich nicht so viele Fehler einschleichen. Das Überarbeiten magst du nämlich gar nicht! Deine Schrift ist klar und regelmäßig! Schön!

〈그림 5〉 독일 초등학교 성적증명서(2학년)

저학년일수록 숙제Hausaufgabe가 거의 없으며, 초등학교 교육에서 학습만큼이나 '놀이'를 매우 중요하게 여긴다. 특히 초등학교 1학년 때는 아예 읽기와 쓰기를 가르치지도 않으며, 선행학습 없이 박물관, 미술관, 연극, 생태자연학습을 위한 산림하이킹Waldwanderung 등 주로 생태자연과 문화예술과 관련된 창의적 체험교육을 시행하고 있다. 아이들은 4학년을 마친 후에 성적과 적성에 따라 하우프트슐레, 실업학교, 김나지움, 통합학교Gesamtschule 중 한 군데의 학교로 진학하게 된다. 상급학교 진학 시 진로에 가장 큰 영향을 주는 사람은 두 명의 담임교사복수담임교사제이다. 독일의 초등학교 담임교사들은 일반적으로 4년 내내 바뀌지 않으며, 예체능을 제외한 전과목을 가르치기 때문에 학생의 적성과 소질을 가장 잘 파악할 수 있다. 따라서 대부분의 학부모들은 상급학교 진학에 관한 담임교사들의 의견을 전적으로 존중한다.

중등교육단계 중에서 하우프트슐레는 이론적·추상적 사고를 필요로 하지 않은 유형의 직업을 희망하는 학생들을 대상으로 인격적 기본 소양과 기술적 능력의 배양을 위한 기초를 제공한다. 대략 초등학교 졸업생의 1/3 정도가 진학하는 하우프트슐레에서는 보통 5학년부터 9학년까지 4~5년 정도를 교육한다. 하우프트슐레에서는 주로 대학진학을 목표로 하지 않는 학생들을 대상으로 기초 직업교육Berufliche Bildung을 실시하며, 독일어, 수학, 자연, 사회과학, 영어, 직업론 등의 교과목에 대한 수업을 진행한다. 이 학교에서는 노동Arbeit·경제Wirtschaft·기술Technik의 세 분야의 이해를 돕기 위한 수업들을 제공하고 있다. 또한 김나지움에서 가르치는 고대 그리스어와 라틴어를 하우프트슐레에서는 가르치지 않는 반면, "직업 세계로의 입문Arbeitslehre"은 하우프트슐레에서만 가르치는 특수한 교과목이다. 8학년 때부터는 자신이 원하는 직업분야에서 1주일에 1일 동안의 실무경험Praktika을 통해 미래 직업의 구체적 현실을 미리 탐색한다. 이후 졸업자는 이원화 직업교육시스템Duales System에 따라 산업 및 공업 계열의 직업학교Berufsschule나 직업전문학교Berufsfachschule에서 일학습병행제로 운영되며, 고등학교와 대학의 교육과정 사이에 있는 독일 특유의 아우스빌둥Ausbildung이라는 직업교육훈련을 받는다. 그러나 독일교육의 특징인 학

Angaben zu den überfachlichen Kompetenzen:

		Ausprägung der Kompetenz				
		sehr schwach	schwach	mittel / normal	stark	sehr stark
1.	**Selbstkompetenz** (d.h. die Fähigkeit den eigenen Fähigkeiten zu vertrauen, aber auch selbstkritisch zu sein, eigene Meinungen zu vertreten sowie sich eigene Ziele zu setzen und zu verfolgen)	☐	☐	☐	☒	☐
2.	**Sozial-kommunikative Kompetenz** (d.h. die Fähigkeit mit anderen angemessen umzugehen, zu kommunizieren, zu kooperieren, Rücksicht zu nehmen, Hilfe zu leisten sowie sich in Konflikten angemessen zu verhalten)	☐	☐	☐	☒	☐
3.	**Lernmethodische Kompetenz** (d.h. die Fähigkeit zum systematischen, zielgerichteten Lernen sowie die Nutzung von Strategien und Medien zur Beschaffung und Darstellung von Informationen)	☐	☐	☐	☐	☒

Anmerkungen zu den überfachlichen Kompetenzen:

〈그림 6〉 초등학교 2학년 비교과 역량 평가

교유형 사이의 이전 가능성이나 보완교육을 통해 김나지움 등 다른 상급학교로의 진학가능성이 항상 열려 있다.

〈그림 7〉 부퍼탈의 상 로렌티우스 하우프트슈레
(Hauptschule St. Laurentius in Wuppertal-Elberfeld)

실업학교인 레알슐레는 일반적으로 하우프트슐레와 김나지움의 중간 정도의 성적을 얻고 대학진학을 목표로 하지 않는 학생들을 위한 교육과정이다. 따라서 일반교육과 직업교육을 포함해 하우프트슐레보다 넓은 범위의 교육을 하며, 앞으로의 전문직 활동을 위해 필요한 기본 소양교육을 포함해 다양한 교육 기회를 제공한다. 주로 경제 및 행정 분야 전문가 양성을 목표로 하는 레알슐레의 재학기간은 5학년부터 10학년까지로 대략 6년간이며, 교육과정이 끝나면 종합시험을 통해 실업학교 졸업증서Mittlere Reife를 받게 된다. 졸업 후에는 직업전문학교나 전문고등학교Fachoberschule와 김나지움 상급과정으로의 진학이 가능하다. 이 실업학교 졸업자들은 산업체와 공직에서 매우 중요한 인력으로 인정받고 있으며, 독일 전체 재적생의 30~40% 정도가 진학하고 있다. 최근에는 독일산업의 고도화로 엔지니어급의 대학졸업자에 대한 필요성이 증대하면서 실업학교는 고등교육기관으로 진학하기 위한 연결통로로써의 기능을 보다 강화하고 있다.

〈그림 8〉 그문트 레알슐레(Realschule Gmund) 역사수업
(출처 : Merkur.de, 2024.8.10)

인문계 학교인 김나지움은 주로 학문탐구 중심의 대학 입학을 목표로 하는 학생들이 진학하며, 재학 기간은 주로 5학년부터 12학년까지의 8년간이다. 일부 독일의 주에서는 9년 재학 기간을 시행하기도 한다. 한국의 인문계 고등학교처럼 대학진학을 위한 교과목 수업을 진행한다. 일반적으로 언어·자연과학계열의 이수 과목을 보면, 종교와 윤리, 독일어, 지리, 역사, 사회, 제1외국어, 제2외국어, 수학, 자연현상, 물리, 화학, 생물, 체육, 음악, 미술 등의 과목을 공부하게 된다. 물론 개별 김나지움이 지향하는 특성과 여건에 따라 중점 교과목이 강조되기도 한다. 예컨대 인문계열의 경우 외국어과목에 중점을 두어 고전어인 라틴어까지 4~5가지의 언어를 배울 수도 있고, 자연계열의 경우 물리, 화학, 생물과목을 더 추가해서 이수하게 된다. 김나지움 학생들은 11~13학년까지의 상급 학년Gymnasium Oberstufe이 되면 자신의 적성 및 흥미에 맞는 과목을 선택하여 특성화된 모듈 학습Modell Profile을 한다. 예컨대 역사나 언어, 경제나 기술, 지리와 수학 등 학생 개인이 특별히 관심을 가진 분야로 특성화하기도 하고, 평생교육의 차원에서 근로청소년을 위한 3년 과정의 김나지움 과정

이 시행되기도 한다. 김나지움 학생들은 주당 4시간 이상을 공부하는 선택과목Leistungskurs과 2시간 정도의 기본과목Grundkurs을 조합해 이수해야 한다. 결과적으로 여러 교과목을 3개 분야 즉, 언어분야, 자연과학분야, 예능과 사회분야 중 적어도 2분야를 망라하여 최소한 3개 과목을, 그리고 3분야 전체에서 5개 과목 이상의 기본과목을 포함해 교과과정을 편성해야 한다. 이렇듯 김나지움은 각 분야의 과목을 고루 이수하는 교과과정으로 구성되어 있다는 점에서 볼 때 전인교육을 지향하고 있다고 할 수 있다. 특히 김나지움 상급과정 Oberstufe의 성적은 아비투어Arbitur의 내신성적에 크게 반영되며, 성적 미달의 경우 낙제시킬 만큼 졸업까지는 쉬운 일이 아니다. 전체 학습 과정을 종료한 학생들은 독일 내 대학입학자격 Allgemeine Hochschulreif인 아비투어를 치르게 된다. 필기시험 Schriftliche Prüfung과 구두시험 Mündliche Prüfung으로 구성된 아비투어에서 학생들은 주로 필수 2과목, 선택 2과목 총 4과목을 치르며, 필기시험의 경우 전부 주관식에 분량은 과목당 A4용지 대략 15쪽 정도로 5시간 동안 치른다.

〈그림 9〉 함부르크 헬레네-랑에 김나지움
(출처 : Helene-Lange Gymnasium Hompage)

통합학교는 하우프트슐레, 실업학교, 김나지움의 삼분제 학교

제도가 학생들에게 너무 이른 시기에 진로선택을 강요하고, 또한 호환성이 다소 부족하다는 비판으로 인해 생긴 학교형태이다. 따라서 이 통합학교에서는 세 종류의 학교를 하나로 묶어 전체 학생들에게 한 학교에서 공통의 기초교양교과목을 학습할 기회를 제공하고 있다. 전체 학생들은 5학년부터 졸업시험까지는 함께 공부를 하지만 각기 자기 적성과 능력에 따른 직업교육, 혹은 기타 학생이 원하는 과정과 수준 등을 선택할 수 있다.

2) 고등교육

독일의 고등교육에 해당하는 교육기관인 대학은 교육목표에 따라 다양한 유형이 존재한다. 대학의 유형으로는 종합대학Universität, 공과대학Technische Universität, 교육대학Pädagogische Universität, 미술대학Kunsthochschule, 음악대학Musikhochschule, 응용과학대학Fachhochschule, 독일의 파흐호흐슐레Fachhoschule는 그동안 '전문대학'으로 국역되었지만, 독일에서는 영문으로 'University of applied Sciences응용과학대학'로 표기하고 있다.

원격대학Fernuniversität, 그리고 응용과학대학과 일반대학을 합친 형태의 통합대학Gesamthochschule 등도 있다. 이처럼 독일에는 순수학

〈그림 10〉 독일의 함부르크 종합대학교(Universität Hamburg)

문 연구를 하는 종합대학뿐만 아니라, 응용학문이나 실용적인 학문을 위한 연구를 목표로 하는 특수 목적의 대학들이 존재하는 것이다. 한국에서와는 달리 독일의 종합대학에서는 음악대학이나 미술대학이 대학의 단과대학College의 형태로 존재하는 경우가 거의 없다는 점도 중요한 특징이다.

유럽연합의 교육통합정책이 시행된 1999년 이전 독일의 전통적인 종합대학은 교육과 연구의 연계성을 강화하기 위해 학부와 대학원 과정을 따로 구분하지 않고 통합적으로 운영되었다. 또한 등록금이 없어 학생들의 경제적 부담이 적은 종합대학에서는 학생들의 자율권이 보장된 학습이 가능하도록 다양한 강의들이 제

〈표 1〉 독일대학의 학위제도 및 교육 기간의 변화

	한국인	중국인	일본인
종합 학위제도	종합대학(Universität) 석사(Magister, Diplom)	11~13	주로 학술적인 연구에 치중하는 Academy형 대학이며 일반적으로 수학기간에 큰 제한을 두지 않았음
	응용과학대학(Fachhochschule) 학사(FH-Diplom)	9~10	5년제 응용과학대학에서는 실기위주의 수업이 이루어지며, 3개월 간의 인턴쉽을 반드시 이수해야 함
단계별 학위제도 박사과정	학사(Bachelor)	6~8	2000년대에 볼로냐 프로세스에 따라 도입된 학사 / 석사 학위제도로 도합 5년 정도의 수학기간
	석사(Master)	2~4	
박사과정	박사(Promotion)	4~8	※종합학위제도나 단계별 학위제도에서 석사 학위 취득 후 입학

공되었다. 전통적인 종합대학에서의 학위과정은 디플롬Diplom, 마기스터Magister, 국가자격시험Staatsexamen으로 구분되었으며, 일반적으로 4~6년 정도의 정규수업 연한을 마친 후 한국과는 달리 박사과정 수업Course Work이 없이 박사학위논문을 집필하는 과정에 진학하는 방식이었다. 그러나 1990년대까지 석사·박사과정으로만 구성되어 있었던 독일의 종합대학은 유럽연합의 회원국들이 대학교육시스템의 통일을 합의한 소위 볼로냐 프로세스Bologna Process로 명명된 협정에 따라 2002년부터 학사Bachlor와 석사학위Master를 분리한 단계별 학위제도를 도입하는 등 큰 변화를 겪었다.

이 볼로냐 프로세스는 유럽대학들의 국제경쟁력을 높이고자 1999년에 체결되었으며, 독일, 영국, 프랑스, 이탈리아 등 29개 유럽 국가들의 교육장관들이 이탈리아 볼로냐에서 모여서 2010년까지 단일한 고등교육제도를 마련할 것을 천명한 것이다. 소위 '볼로나 선언'으로 합의된 이 볼로냐 프로세스의 구체적인 내용은 첫째, 국공립대학들의 학위제를 통일시키는 것이다. 이전까지 독일을 포

〈그림 11〉 볼로냐 프로세스, 1999

함한 유럽대학들은 학사와 석사과정을 통합해 배우는 마스터Magister Artium, M.A. 혹은 Diplom 과정을 운영해왔다. 하지만 볼로냐 프로세스는 이를 소위 미국식 학사Bacholor, 석사Master, 박사Doctor Degree 제도로 학제를 개편한 것이다. 둘째, 대학교육의 품질을 보증하기 위해 '국가인증제도'가 도입되었다. 대학 통합을 위해서는 유럽 내 모든 대학들이 일정 수준의 균등화 교육을 시행해야 한다. 그리고 이를 위해서는 국가 차원에서의 대학교육의 질을 관리할 수 있어야 한다. 결론적으로 볼로냐 프로세스는 유럽 공통의 대학교육과정으로서 유럽의 대학들이 기업들의 경우처럼 상호 제휴와 합병을 통해 경쟁력을 현격히 강화하려는 목적을 설정했던 것이다.

유럽연합의 리더 국가인 독일 또한 이 볼로냐 프로세스에 따라 독일대학의 학위과정을 재편해 학사-석사 학위제도Bachelor-Master를 도입했으며, 이를 통해 전문적인 고등교육인력을 양성하고 있다. 이로써 학사과정 3년, 석사과정 2년으로 수업 기간이 변경되었다. 일반적으로 대학을 졸업하려면 6년 이상 소요된 석사과정

으로 인해 대학진학에 대한 부담이 컸던 과거와는 달리 짧아진 3년의 학사과정은 학생들의 대학진학에 대한 부담감을 크게 낮추었다. 이러한 대학교육구조의 개편으로 인해 독일의 대학생 수는 지난 25년 동안 지속적으로 증가했다. 그러나 증가한 학생 수에 비해 대학 수업환경은 이를 뒷받침하지 못하고 있다는 비판을 받고 있다. 그럼에도 독일대학은 2000년대 이후 글로벌 정세에 따른 기업 인재상의 변화에 따라 변화와 혁신의 노력을 경주하고 있다. 아울러 그동안 독일의 일반대학들은 영미권의 대학들과 달리 대학의 순위나 서열 없이 평준화되어 있었고, 단지 대학별 전공특성화가 되어 있었다. 그러나 독일의 대학들도 2006년부터 시행된 독일 정부의 '엘리트대학육성정책Exzellenzinitiative' 아래 비평준화가 조금씩 일어나는 추세이며, 최근에는 일부 대학들은 영국의 타임스 고등교육THE(Times Higher Education)이 전 세계 상위권 대학들의 순위를 매기는『타임스』

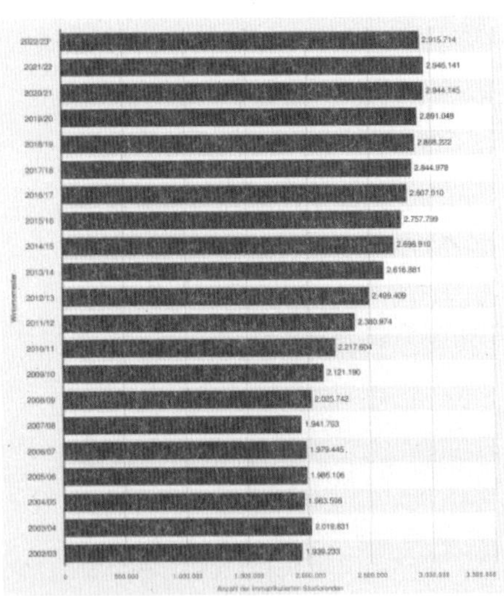

〈그림 12〉 독일대학생 증가표(2002~2022)
(출처 : 연방통계청, 2023)

고등교육 세계 대학 랭킹 "*Times* Higher Education World University Rankings"과 같은 조사결과를 의식하기도 한다.

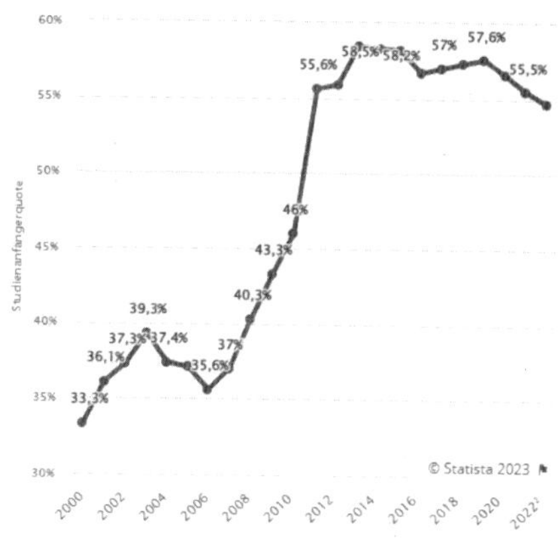

〈그림 13〉 독일대학의 신입생 비율(2000~2022)
(출처 : Statistisches Bundesamt 2022 & Statista 2022.11)

독일의 응용과학대학Fachhochschule은 조금씩 2년의 교육과정으로 운영되는 한국의 전문대학과는 달리 전문 종합기술대학 또는 특화 고급기술대학이라고 할 수 있다. 보통 각 주는 응용과학대학의 재정과 운영을 맡고 있지만 자치권은 대학이 갖는다. 응용과학대학 또한 앞서 언급한 볼로냐 프로세스를 통해 6~7학기 이후에 받는 학사와 이후 과정으로 4~5학기를 공부하여 받는 석사제도가 채택되었고, 현재는 대다수의 응용과학대학들이 이 제도를 채택하고 있다. 따라서 일반대학과 응용과학대학의 수업연한이 같아져 이 두 대학들의 학위 구별이 사실상 없어지게 되었다. 그러나 일반대학Universität, Hochschule과 응용과학대학의 근본적인 차이점은 전공과목에 있다. 주로 순수 인문과학이나 자연과학에 관한 학업을 일반대학에서 한다면, 응용과학대학의 경우 공학, 정보학, 경제 및 경영학, 사회복지학, 디자인, 농업 등 반드시 실습이 필

〈그림 14〉 독일의 대표적인 응용과학대학교 베를린 기술응용과학대학교
(Berliner Hochschule für Technik, BHT)

요한, 소위 응용과학분야의 전공이 대부분이다. 나아가 미술치료, 음악치료, 건축학, 관광학, 자동차 디자인 등 실용경험과 응용위주의 실용학문을 가르친다. 결론적으로 응용과학대학은 전문기술인 양성이 목적인 반면, 일반종합대학은 기초과학이나 인문사회 분야의 연구자 양성에 주요한 목적이 있다고 할 수 있다. 이러한 성격에 따라 응용과학대학에서 비중이 큰 공학의 경우, 취업 및 실용적인 응용에 초점을 둔 교육 커리큘럼이 중심이 된다. 또한 응용과학대학의 교육은 일반대학에서의 교육에 비해 주로 현장실무 중심으로 편성되어 있다. 때문에 경우에 따라서 입학조건으로 6개월~1년 정도의 실습증명이 요구되기도 한다.

독일의 예술대학Kunst-und Musikhochschule은 음악학Musikwissenschaft이나 예술사Kunstgeschichte와 같이 일반 종합대학에서 다루는 이론 위주의 학과가 아닌 조형예술Bildende Künste, 표현예술Visuelle Kommunikation, 음

악Musik 등 실기 위주의 교육과정을 제공한다. 거의 대부분 국립대학의 성격을 가진 예술대학은 주 정부의 재정지원으로 운영되며, 입학조건으로는 일반적인 대학입학자격시험과 더불어 해당 예술영역의 실기시험에 합격해야 한다. 주로 7~10학기 동안 수학 후 졸업하게 되면 디플롬 학위나 특수 분야의 졸업장 등을 취득하게 된다.

위의 대학들 이외에 기타 원격대학Fern Universitaet은 라디오, TV, 인터넷 등 원격통신수단으로 교육을 진행하는 것을 제외하면 학점이수나 졸업학위 등 모든 것이 일반 종합대학과 같다. 원격대학에는 대학교육을 원하는 직장인들이 본인의 거주지역에서 입학할 수 있다는 장점이 있다. 최근에는 주로 경영과 경제, 무역, 경영정보 Business Informatics 등의 실용학문 중심의 소형 사립대학이 증가하는 추세이며, 등록금 납부의무를 제외하면 일반대학과 거의 유사하다.

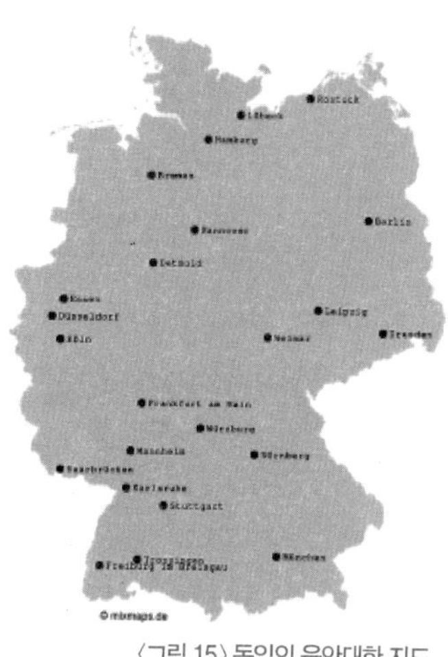

〈그림 15〉 독일의 음악대학 지도

한편 지난 2000년대 초반부터 독일의 고등교육기관은 갈수록 고도화되는 첨단산업의 변화와 인력수요를 반영하기 위해 새로운 형태인 '이원화 대학교육Duales Studium'이라는 고등직업교육과정을 제공하고 있다. 매년 지속적으로 성장하고 있는 고등직업기관들은 주로 과거의 직업아카데미가 고등교육기관으로 승격하거나, 혹은 기존 응용과학대학교를 중심으로 기업체에서의 현장교육을 대폭 강화한 고등직업교육을 시행하고 있다.

제3장

독일의 직업교육과 평생교육

1. 독일의 직업교육과 고등직업교육

2. 독일의 평생교육과 계속교육

1. 독일의 직업교육과 고등직업교육

1) 독일의 중등단계 직업교육

기독교적 전통과 문화에 따라 중세시대부터 직업에 대한 각별한 소명의식Berufung을 가진 독일의 직업교육훈련체계는 전 세계로부터 성공적인 직업교육 모델로 인정받고 있다. 독일의 직업교육훈련 체계가 세계의 주목을 받는 이유는 무엇보다도 산업체에서의 현장실무교육과 직업교육기관에서의 이론교육이 함께 이루어지기에 현장과 교육의 괴리가 적다는 장점 때문이다. 독일에서는 지역 기업이 직업학교Berufsschule의 커리큘럼을 기획하는 단계부터 교육과정 개발에 참여하며, 대학이 주도하는 이원화 고등직업교육과정의 학사과정Duales Studium의 교육과정을 개발하는 작업에도 적극적으로 참여한다. 즉, 산학일체형이나 일학습병행형 직업교육훈련이나 고등직업교육에 산업체와 교육기관이 상호 긴밀히 공조하는 시스템을 운영하고 있다는 것이다. 특히 직업학교의 운영 및 커리큘럼을 설계하는 과정에서도 해당 지역의 수공업회Handwerkskammer, HWK와 상공회의소Industrie- und Handelskammer, IHK 등 경제와 산업의 주체들이 직업교육훈련에 적극적으로 참여해 산업(체)의 특성에 맞는 맞춤형 직업교육을 성공리에 시행하고 있다.

이러한 독일의 중등단계 직업교육훈련체계는 한국에서도 지난 2000년 중반 이래 크게 주목을 받았다. 나아가 이 시기에 국내 학자들 또한 독일의 직업교육에 관한 다수의 연구결과를 도출하였다. 독일의 이원화직업교육훈련제도를 국내에 소개하고 시사점을 도출한 장석인의 논문부터 시작해 청년실업과 고용대책의 측면에서 독일의 이원화 직업교육훈련체제를 연구한 김기홍과 이호근, 정미경과 이동임, 유진영의 논문들도 이 분야에 중요한 연구결과들이다. 나아가 저자 김춘식의 논문들은 최근 독일의 고등직업교육에 주목하고 있다. 기타 일학습병행제의 법제화 관련 방준식의 최근 논문과 일학습병행제의 지속가능성과 제도개선 방안을 도출한 전승환 외의 논문도 있다.

특히 독일의 고등단계 직업교육에 관한 논문은 현재 한국 정부가 추진하고 있는 '새로운 유형의 고등직업교육체제'의 수립에 매우 중요한 정책적 시사점을 제공하고 있다. 이러한 독일의 직업교육제도는 큰 틀에서 중등교육단계의 이원화 직업교육훈련Vocational Education and Training, VET과 고등교육단계의 이원화 직업교육으로 구분할 수 있다. 하지만 그동안 독일의 이원화 직업교육은 거의 대부분 중등교육단계 중심이었으며, 고등교육단계는 1990년대 중반 이래 시작되었다. 2015년 통계에 의하면 독일에서는 우선 중등단계에서부터 직업교육을 받는 학생의 비율이 60% 정도이고, 대학

진학을 목표로 교육을 받는 학생의 비율은 40% 정도로 독일은 명확하게 직업교육중심의 교육체제를 구축하고 있다는 것을 알 수 있다. 그러나 2020년대에 들어와서는 학령인구 감소 및 고등직업교육에 대한 선호도 강화로 인해 중등단계의 직업교육훈련자 수는 다소 감소하고, 대신 대학진학자 비율이 높아지는 추세이다. 이는 독일의 직업교육이 중등단계에서 고등직업교육단계로 전환되고 있다는 것을 의미한다.

독일의 직업교육은 독일이 가진 직업교육 중심의 교육체제에 대한 역사적 배경에서 출발한다. 한국은 물론이고 유럽을 넘어 전 세계의 주목을 받는 독일의 직업교육과 이원화 직업교육훈련제도는 어떻게 시작되었을까?

독일 제조업 경쟁력의 원천인 이원화 직업교육제도는 그 역사가 중세 시기까지로 거슬러 올라가며, 도제에서 장인까지 전체 기능인들의 정신적 자세를 뜻하는 '장인 정신 문화Meister Kultur'에 기원을 두고 있다. 장인의 도제식 직업교육전통 아래에서 기술과 기능을 익히는 견습공Lehrling, 그리고 독일 노동 계층의 상층부에서 도제를 거느리고 직공장 혹은 작업장에서 오늘날의 팀장에 해당되는 십장의 임무를 수행하는 장인Meister은 집단규율을 토대로 장인 중심의 생산체제를 유지했다. 이러한 장인 중심의 전통으로 오늘날에도 독일의 기업에서 경영인은 유통을 담당하고, 장인은 생산

〈그림 16〉 12세기경 중세 수·공업 작업장
(출처 : Mittelalter Wiki, Handwerk)

을 책임지는 사람으로 여겨진다.

과학적 자세와 실용적 사고를 중요하게 여기는 장인 중심의 직업교육제도는 이론과 실습을 결합한 이원화 직업교육제도로 정착되는 가장 중요한 토대가 되었다. 중세 이래 길드 제도로 대표되는 수공업 전통이 강했던 유럽에서 독일이 영국과 프랑스와는 달리 장인교육을 기반으로 한 독특한 직업교육 제도를 정착시킨 것도 바로 실사구시형 장인문화에서 기인한다. 실제로 오늘날 독일에는 대략 총 93개의 직업군, 97만 개의 사업장종사자 약 500만 명이 등록되어 있다. 이 중 마이스터 자격증을 필수로 규정하고 있는 직업군의 수는 41개이며, 기계, 전기, 자동차는 물론 카메라 렌즈, 정원관리, 구두에 이르기까지 다양하다. 이러한 장인 정신 문화와 기술 도제 시스템이 오늘날의 산업국가 독일을 형성한 기반이 되었으며, 나아가 전 세계 직업교육의 모델국가로 부상하게 했던 가장 큰 요인이 되었다.

독일의 이원화 직업교육제도는 19세기 후반 산업화의 발달이 동반한 산업인력의 양성이라는 필요성에서 출발했으며, 이 제도는 상대적으로 뒤늦게 산업혁명을 이룬 독일의 산업발전에 결정적인 역할을 담당했다. 또한 후발 산업국가로서 산업구조의 변화에 따른 산업인력 양성이라는 시대적 요구사항들을 반영해 나가면서 오늘날의 이원화 직업교육제도로 발전되었다. 이와 같은 이유로 오늘날 이원화 직업교육제도에서도 이론교육은 직업학교에서, 실습 과정은 산업체나 장인의 수공업 현장에서 이루어지는 것은 전통적인 장인교육이 1800년대 후반 산업화 시기에 근대적인 학교 수업의 형태로 전환된 형태라고 할 수 있다.

20세기에 들어와 독일의 직업교육훈련제도는 점점 더 안정적인 제도로 자리를 잡게 되었으며, 길드제도에서 시작된 견습공Lehrling-도제Geselle-장인Meister의 단계는 이원화 직업교육제도에서도 계속 유지되었다. 직종은 수공업 규정에 따라서 구분되었으며, 마이스터가 되기 위해서는 필수적인 마이스터 검정시험 역시 수공업 규정에 따랐다. 또한 20세기에는 수공업 분야에 제조 및 산업 분야의 직업교육훈련이 추가되었다. 더불어서 19세기 말에 발전한 직업학교가 20세기 초에 독일 전역으로 확산되었으며, 직업교육과 관련된 다양한 법안제정으로 독일 전체에 통일된 직업교육제도가 형성되었다. 예컨대 1938년에는 직업학교에 의무교육제도가 도입되었는데, 이원화제도에 따라 훈련에 관한 규정은 고용주단체가 규정하고, 경제부장관이 추후 승인을 하는 방식이 제도화되었다. 다만 이 시기에는 직업학교의 교육과정에 대한 통일

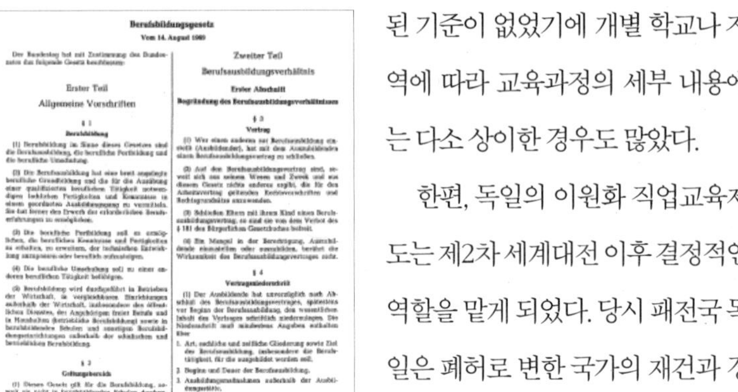

Berufsbildungsgesetz

Vom 14. August 1969

Erster Teil

Allgemeine Vorschriften

§ 1

Berufsbildung

Zweiter Teil

Berufsausbildungsverhältnis

Erster Abschnitt

Begründung des Berufsausbildungsverhältnisses

§ 3

Vertrag

§ 4

〈그림 17〉「직업교육훈련법(Berufsbildungsgesetz)」, 1966

된 기준이 없었기에 개별 학교나 지역에 따라 교육과정의 세부 내용에는 다소 상이한 경우도 많았다.

한편, 독일의 이원화 직업교육제도는 제2차 세계대전 이후 결정적인 역할을 맡게 되었다. 당시 패전국 독일은 폐허로 변한 국가의 재건과 경제발전에 필수적인 산업기능인력 양성이라는 시급한 과제를 안고 있었다. 때문에 대전 후 독일이 동서독으로 분단되자 구 서독 정부는 전통적인 직업교육에 대한 제도화 작업에 착수했다. 1969년 「직업교육훈련법Berufsbildungsgesetz, BBiG」을 제정함으로써 산학협력 중심의 이원화 직업교육제도를 정립하고, 나아가 이를 통해 이원화 직업교육제도는 혁신적인 전환기를 맞이하게 되었다. 나아가 연방교육문화장관협의회KMK는 직업교육의 기본 원칙인 직업훈련기준을 결정하였다.

이 직업교육훈련법에 따라 직업훈련 직종에 대한 규정을 포함해 그동안 상이했던 개별적인 규정들이 단일한 종합규정으로 통일되었다. 일반적으로 독일에서 산업체 중심의 산학협력은 연방정부 및 주 정부, 경제단체로서의 기업, 산업별 협의체로서 여러 직능단체와 노조, 그리고 교육기관의 협력으로 이루어진다. 그러나 연방 정부는 기능 관련 자격제도 운영에 중요한 역할을 수행해야 하기 때문에 바로 이 직업교육훈련법을 제정함으로써 법적인 틀을 마련했던 것이다. 이 직업교육훈련법에 따라 각 주 정부주 교육부는 이원화제도의 직업훈련 중 학교교육을 통한 직업교육을 지원할 수 있게 되었다. 개별 법령으로 운영되는 전문 국가자격의 경우 주 정부가 관리 운영의 한 주체로 참여하며, 대표적으로 주 정부의 교육부가 교사 자격검정에 참여하게 된다. 그리고 경제단체로서 기업들, 상공회의소나 수공업회의소 등 산업별 협의체들과 노동조합도 직업교육의 세부 교육내용과 실습 등 이원화 직업교육제도의 실행에 중요한 역할을 담당한다.

독일의 직업교육훈련은 경로에 따라 직업학교에서 산업체의 현장 직업훈련과의 연계가 없이 직업교육만 실시하는 '일원화 직업교육체제'와 민간 부분과 공공 부문의 공동 책임 영역을 뜻하는 말로 학교와 기업체라는 두 학습 장소의 결합을 의미하는 '이원화 직업교육체제'로 구분할 수 있다. 독일에서는 이원화 직업교육체제가 압도적으로 선호되는 직업교육훈련이며, 절반 이상의 청소년들이 중등단계의 일반학교를 마친 후 산업체 직업훈련을 선택하고, 의무적으로 시간제 직업학교 보충과정에도 참여한다. 그리고 〈표 2〉에서 볼 수 있듯이 독일의 이원화 직업교육은 시행방식

〈표 2〉 독일의 이원화 직업교육의 특징

담당	사업체 현장실무훈련	직업학교 이론교육
시행처	기업	직업학교
시행방식	작업장 현장학습	교실 이론수업
규정방식	교육훈련 계약	직업학교 출석 의무
규제기구	연방 정부	주 정부
감독기구	사용자 단체	학교 감독기구

출처: Press Releases, 2005; 유진영, 2016

에 있어 이론과 실무실습, 규제기구에 있어 연방 정부와 주 정부, 감독기구는 상공회의소와 같은 산업 관련 사용자 단체 등의 특징을 가지고 있다. 특히 독일 직업교육을 시행하면서도 이원화 방식을 채택한 것은 연방의 규제범위에 있는 산업체의 실습교육으로 인한 결손을 주 정부에서 규제하는 학교의 이론교육과 상호 연계함으로써 이론과 실무를 동시에 갖춘 산업인력을 양성하겠다는 취지에서 비롯된 것이다.

독일에서의 중등교육단계의 이원화 직업교육은 한국과는 달리 직업교육과 계속교육Berufliche Fortbildung의 체계와 개념이 분리되어 있다. 직업교육은 한국의 고등학교 수준의 전문직 기초교육단계Initial Vocational Education에 해당하며, 한국의 특성화고나 마이스터고와 비슷한 직업교육의 수준이라고 할 수 있다. 하지만 직업훈련은 대개 직업교육을 마친 후 취업해 있는 전문직 종사자들이 승진, 이직, 전직 또는 신규 기술에 대한 능력을 강화하기 위한 하나의 계속교육Weiterbildung / Fortbildung의 과정을 의미한다. 따라서 한국의 마이스터고는 직업교육의 기초를 닦는 과정이며, 독일의 마이스터 훈련은 전문 고등학교 차원이 아닌 직업교육 이수 후 경력자 전문직 훈련과정을 말한다. 그리고 독일에서의 마이스터는 이공계 분야의 전문기술 장인이며, 이는 전통적인 수공업 마이스터와 현대화된 산업 마이스터로 분리된다.

앞서 언급했듯이 독일은 직업교육에 있어서 이원적 시스템을 시행하고 있다. 중등교육단계에서 이루어지는 이원화직업교육시스템, 혹은 이원직업교육훈련제도라 불리는 이 제도는 업체Betrieb에서의 현장실습교육Praxis과 동시에 직업학교Berufsschule에서의 이론교육Theorie을 함께 진행하는 형태이며, 현재 독일 내 산업인력의 전문화에 중추적인 역할을 담당하고 있다. 그리고 이원직업교육시스템에 따른 전문 직업기술 양성교육을 다른 말로 아우스빌둥Ausbildung이라고도 하며, 이는 한국의 특성화 고등학교와 대학의 교육과정 사이에 놓인 독일 특유의 직업훈련과정을 말한다 바로 이러한 직업교육시스템으로 인해 독일에서는 직업교육의 장소가 크게 확대되었으며, 기존 학교 공간뿐만이 아니라 제조공장, 서비스업체, 사무소, 병원, 관공서 등 다양한 산업현장에서 맞춤형 직업교육이 이루어지고 있다.

이원화제도의 교육을 위해서는 제일 먼저 인력을 양성을 희망하는 기업체와 피직업교육생인 지원자Bewerber가 상호 계약체결Vertragsabschluß을 하는 것에서 시작된다. 직업교육의 대상은 중등교육과정 이수자로 대략 한국의 중학교 3학년 졸업혹은 고등학교 1학년 종료에 해당되는 9~10학년 정도의 교육과정을 마친 학생들이다. 그러나 일반적으로 그 대상자가 중등교육과정을 이수한 학생들이지만 실질적으로는 연령제한이 없다. 즉, 누구나 직업교육을 받기를 원할 경우 기업체와 합의가 되면 나이와 관계없이 해당 공공감독기관의 허가를 받고 직업교육훈련과정을 이수할 수 있는 것이다.

독일의 직업교육 지원자 수는 매년 1~2% 정도 감소하는 추세이다. 그러나 2022년 통계에 따르면 독일에서는 약 50만개의 대기업 및 중소기업들이 직업교육을 희망하는 학생들에게 현장실습기회를 제공하고 있으며, 약 140만 명의 중등학생들이 약 360여 종류의 직업교육을 받고 있다. 그러나 약 10개의 인기직종에 전체 인원의 반 정도가 몰릴 정도로 직종에 따른 선호도 차이 또한 심한 편이다. 독일 연방교육연구부Bundesministerium für Bildung und Forschung, BMBF가 관리하는 직업교육단위의 국가전문인력 자격증에는 매년 조금씩 변화가 있긴 하나 2022년 기준으로 약 360여 개의 종류가 있으며, 자격증과 관련된 필수교육과정은 직종에 따라 다르나 대략 2~3.5년에 달한다. 독일의 직업교육은 우수한 산업인력인재양성의 목적보다는 다양한 분야의 전문직종에 개인의 재능과 적성에 초점을 맞추고 있다. 현재 독일에서는 한국의 4차산업혁명과 유사한 'Industrie 4.0'의 여파로 자동화시스템 중심의 기술이 발전함에 따라 생산분야의 인력 수요가 대체적으로 감소하고 있는 반면 서비스분야의 인력 수요가 증가하고 있는 추세이다.

한편 직업교육생들은 보통 일주일에 3~4일은 기업 현장에서 일하고 1~2일은 직업학교에서 이론을 공부하며, 학생교육은 직업학교와 기업이 공동으로 담당하고 있다. 그리고 기업에서의 현장실습교육은 연방법규에 의해 결정되며, 학교에서의 이론교육은 각 연방 주에 의해 정해지는 독특한 구조라고 할 수 있다.

한편, 직업교육훈련을 담당하는 장소 기업체와 공공의 직업학교는 서로 다른 법적인 규정을 따른다. 산업체에서의 직업훈련은 직업교육훈련법BBG과 수공업규정Handwerksordnung, HWO에 적용을 받으며, 학교의 직업교육과 관련된 부분들은 연방기본법에 기초한 각 주 정부의 학교법Schulgesetz에 따른다.

또한 독일의 이원화 직업교육훈련은 정책 단위의 협력관계, 즉 산·학·관의 협력체계를 통해서 이루어진다. 직업교육과 훈련분야의 관리는 대부분 독일 연방교육연구부와 연방경제기술부Bundesministerum für Wirtschaft und Technologie, BWMT에서 총괄하고 노동시장과 인력양성 개발의 연계, 직업교육과 훈련규정에 대한 연구와 사업진행은 연방 직업교육연구원Bundesinstitut für Berufsbildung, BIBB에서 분담하고 있다. 따라서 기업체 전문직업교육을 위한 직종과 교육

규정은 연방 부처들이 주도하나 고용주, 노조, 해당 협회단체들이 결정권을 가지게 된다. 직업학교 전문직 수업을 위한 학습교안Rahmenlehrplan은 16개로 구성된 주 정부의 대표들이 작성하여 배포하고, 문화교육정책에 권한을 가진 각 주 정부들Länder은 학습프레임의 적용여부를 자치적으로 결정하게 되지만 반드시 이를 적용할 의무는 없다. 또한 개별 학교들도 운영조직과 학습내용을 자체적으로 운영할 수 있는 자율권을 가지고 있다. 학습교재 또한 학교나 산업체가 자체적으로 개발하거나 공동협력과 합의로써 작성되는 경우가 많아 국가 지정교과서들이 거의 없다고 볼 수 있다. 또한 국가에서 재정을 지원하여 운영되는 직업훈련소Überbetriebliche Bildungsstätte, ÜBS는 중소기업체들이 회사 내 인프라 부족으로 직업교육을 실시할 수 없는 부분을 보충해 주는 역할을 하고 있다.

독일의 직업교육제도에서 교육훈련에 필요한 75% 정도의 교육비는 주로 산업체기업가 부담하며, 연방과 주, 그리고 연방노동청이 나머지 24% 정도의 비용을 부담하고 있다. 산업체는 교육훈련생들에게 각 직업 분야의 임금협상 규정에 따른 교육훈련지원금을 지불하며, 이 지원금은 평균적으로 전문직 직원 첫 월급의 1/3 정도에 달한다. 이원화 직업교육훈련의 졸업시험은 이론과 실습 분야로 나누어져 있으며, 각 지방의 상공회의소나 수공업협회는 졸업시험 합격자에게 전문직 국가자격증을 부여한다. 졸

〈표 3〉 이원화 직업훈련제도 개관

이원화 직업교육훈련제도		
직업교육훈련의 특성	이원성	
학습기관	기업내 직업훈련	직업학교
교원	직업훈련교사 (직업훈련교사자격기준)	직업학교교원 (국가교원자격시험)
학습자	훈련생(도제)	직업학교 학생
직업훈련 규정	직업훈련규칙	기본교수지침
기본교수원리	작업과정중심	학문중심
감독	권한이 있는 각 상공회의소	국가
계획	경제	국가
재정	기업체	공공
법적 권한	연방	각 주 정부
목표	직업에 관련된 개인과 공공부분에서의 행위능력을 배양	

출처 : 김기홍, 2015

업생들은 취업 후 직업계속교육을 통해 전문직 종사자로서 직업 경력을 쌓아가거나 자신의 전문직과 연계가 가능한 국가자격인증 시스템 범위 내에서 다음 단계 직무연구교육과정을 통해 마이스터나 경영관리자 자격증을 취득하거나 더 높은 단계의 승진과 직위를 기대할 수 있다.

바꾸어 말하면 학생들이 직업교육훈련을 마치면 교육훈련지원금의 3배 정도의 정규직 임금을 받을 수 있게 되는 것이다.

〈표 3〉에서 볼 수 있듯이 독일의 이원화 직업교육은 한국과 달리 직업교육기관을 중심으로 이루어지지 않고 기업체를 중심으로 이루어지는 만큼 기업체가 교육생들의 직업교육에 대해 전반적인

책임을 진다. 그리고 각 기업체가 인력양성에 필요한 실무교육에는 표준화된 기업체 직업교육의 학습프레임을 중심으로 직접 계획하고 실행한다. 학습규정이 기업체의 인력양성의 필요성과 표준화된 교육생의 학습이행의 조건이 갖추어 지도록 상공 및 수업공업 회의소에서는 상담과 감독의 역할을 한다. 이러한 직업교육의 계약체결은 직업교육에만 해당되는 것이며, 직업교육을 마친 후 고용주가 반드시 교육생을 채용해야 할 의무는 없다. 직업교육 계약서에는 교육 기간, 근로조건, 기업이 부담하는 해당 직종의 교육보조금, 기업체와 훈련생의 책임 등이 구체적으로 기록되어 있다. 이 계약서는 반드시 담당 상공회의소에서 검토하여 최종허가를 받아야 한다. 독일에 있는 80여 개의 상공회의소들은 연방 직업교육법에 따라 기업체와 청소년의 직업교육 체결에 대한 감독, 교육과정에서의 기업체 또는 훈련생 상담, 청소년 근로보호관리, 시험과정에 대한 조직과 운영을 담당한다. 상공회의소는 해당 지자체의 직업교육의 운영을 지원하지만, 다른 한편으로는 직업교육의 감독기관으로서 필요한 경우 기업체에게 훈련조건의 향상을 요청할 수 있다.

결론적으로 독일의 중등교육단계의 이원화제도는 경제사회단체들이 해당 전문분야의 인력양성을 위해 직업교육정책 수립과 세부사업에 적극적으로 참여하고, 나아가 자체적으로 산학협력의 조직을 만들어 운영한다는 점이 가장 중요한 특징이다. 직업학교는 기업체에서 실무교육을 받는 학생들이 필요한 이론과 실무를 보충하는 학습을 진행하는 등 의무제 일반교육을 제공하고 있다. 또한 국가는 주로 인력양성에 필요한 거시적인 정책인프라를 제공하는 역할만을 수행한다.

2) 고등교육단계의 이원화 직업교육

독일의 직업교육제도는 큰 틀에서 중등교육단계의 직업교육훈련과 고등교육단계의 대학 이원화 교육으로 구분될 수 있다. 하지만 그동안 독일의 이원화 직업교육은 거의 대부분 중등교육단계 중심이었으며, 고등교육단계는 대략 지난 2004년에 들어서 본격적으로 시작되었다고 할 수 있다. 독일의 고등교육단계의 이원화 교육은 독일의 직업교육과 이원화 직업교육제도에서 시작되었다. 독일에서 사용하는 'Berufsbildung' 혹은 'Berufliche Bildung'은 직업교육 일반이나 주로 중등교육단계의 직업교육을 의미한다. 중등단계와 대학교육사이의 직업교육에서 사용하는 용어는 'Berufsausbildung[현장실습연계형 직업교육]', 'Duale Ausbildung[일학습병행직업교육]', 혹은 양자를 합친 'Duale Berufsausbildung[이원화 직업교육제도]' 등이 있다.

직무전문성강화교육이나 신기술에 적합한 추가 역량강화교육을 의미하는 계속교육은 심화교육Aufbaustudium, 장인학교교육Meisterschule 등과 유사한 의미를 갖고 있다. 고등교육기관에서 시행하는 이원화교육은 두알레스 슈트디움Duales Studium이라고 한다. 독일연방직업교육원은 대학 이원화교육을 "기업현장에서 통합된 직업교육훈련, 특히 현장실습과 동시에 대학 혹은 직업아카데미에서 학업을 하는 과정"으로 정의하고 있다. 이 대학 이원화교육은 높은 수준의 실무교육에 중점을 두고 있으며, 대학과 기업이라는 두 개의 학습장소에서 고등직업교육이 이루어진다는 점에서 기존의 대학의 교육과정과는 차이가 있다. 즉, 직업실무와 대학의 학업이 조직적으로 교과과정과 밀접하게 연결되어 있는 것이다.

독일대학의 이원화 교육의 시작은 1970년대로 거슬러 올라가며, 그 당시 청소년들은 대학입학자격시험인 아비투어를 치른 후 보다 전망이 밝은 직업을 선택하기 위해 대학에서의 학업을 선택하기 시작했다. 당시 독일의 정치계와 교육계, 그리고 기업들은 해당 지역에서 새롭게 통합된 직업교육 훈련과정 혹은 대학에 준하는 교육과정을 준

〈그림 18〉 독일연방직업교육원(BIBB), 출처 : Wikipedia

비 하였다. 그리고 중등단계의 직업교육훈련보다 더 높은 수준의 졸업자격과정을 개발해 제공했으며, 이러한 '특수 직업훈련 교육과정Sonderausbildungsgänge', '연계교육과정Verbundstudium' 혹은 '실무연계형 대학학업Studium mit Praxisverbund'으로 불리는 특별프로그램과정을 실시함으로써 점차 '대학 이원화 교육Duales Studium'이라는 명칭이 광범위하게 사용되기 시작했다. 이후 유럽 통합의 움직임이 본격화된 1980년대에 들어서 입법, 행정, 사법 등 거의 모든 분야에서 주 정부의 자율성이 축소되었고, 유럽공동체법이 독일의 국내법과 동일한 효력을 갖게 되었다. 이전에 독일의 기본법Grundgesetz의 규정에 따라 주 정부가 직업교육을 포함한 교육정책과 문화정책에 대한 자치주권의 행사에도 서서히 변화가 불었다.

첫 번째 단계로는 유럽연합이 형성되기 이전에 유럽공동체European Community, EC가 주도했던 공동 교육정책인 프로그램은 에라스무스Erasmus였다. 유럽대학들의 상호협력을 목표로 1987년부터 1990년까지 3년 동안 성공적으로 실행되었다. 마스트리히트조약Maastricht Treaty, 1992으로 유럽연합EU이 탄생하면서 이 조약에 따라 EU집행위원회는 1995년부터 1999년 사이에 에라스무스프로그램 사업을 일부 계승한 '소크라테스프로그램Socrates Program'과 회원국들의 직업교육훈련 분야의 초국가적 협력프로젝트이자 회원국의 교육혁신을 목표로 한 '레오나르도 다빈치 프로그램Leonardo da

Vinci Program'을 시행하였다. 소크라테스 사업과 레오나르도 다빈치 프로그램은 이후 2007년에서 2013년까시 시행된 평생학습프로그램 Lifelong Learning Program, LLP 으로 통합되었다. LLP는 4개의 영역별 세부프로그램 — 학교교육 '코메니우스', 고등교육 '에라스무스', 직업교육 '레오나르도다빈치', 일반 평생교육 '그룬트비히' — 으로 구성되었으며, 특히 LLP의 구체적인 목표 가운데 레오나르도 다빈치프로그램은 LLP 종료시점까지 직업훈련을 위해 연간 약 8만 명의 회원국 직업훈련생들을 위한 현장실습기업을 마련하는 것을 목표로 하였다.

마스트리히조약 이래 유럽연합집행위원회는 지속적으로 유럽공동체 차원의 초국가적 상호 문화교류협력과 교육제도의 표준화에 정책적 우선순위를 두고 영향력을 확대해 갔고, 이에 따라 독일의 주 정부의 교육에 관한 독자적인 권한이 점점 축소되었다. 이러한 변화에 직면해 주 정부는 연방 정부와 갈등을 갖기도 했지만 유럽연합이 지원하는 유럽적 차원의 다양한 프로그램 중 특히 직업교육프로그램인 '레오나르도 다빈치 프로그램'의 시행에 따른 변화가 불가피했다. 이 직업훈련에 독일 중소기업 참여가 참가자의 1 / 3을 차지하고, 독일 이외의 회원국 기업에서 현장실습을 원하는 독일의 대학생들, 그리고 직업교육훈련생 중 50% 이상이 EU회원국내 초국가적 직업훈련에 참여했다. 또한 독일 이외 국가에서의 실습과 언어 코스를 결합한 경우가 독일 참가자의 33%에 달했으며, 특히 참가자의 반응이 두드러지게 긍정적이었다. 더욱이 각종 프로그램에 대한 평가보고서는 외국에서의 실습경험과 언어습득이 참가자의 계속교육에 매우 긍정적이라는 결과를 나타냄으로써 독일이 그동안 내부적으로 고수했던 직업교육체제를 유럽연합의 표준화와 연계해 조정해야만 했었다.

두 번째 단계로 독일의 고등교육제도에 변화도 있었는데, 특히 1999년 영국, 프랑스, 독일, 이탈리아 등 29개 유럽 국가들이 이탈리아 볼로냐에서 모여 2010년까지 단일한 고등교육제도를 설립, 유럽대학들의 국제 경쟁력을 높이고자 1999년에 출범한 프로그램 '볼로냐 프로세스'가 독일의 직업교육 부문에 끼친 영향은 지대했다. 2005년부터 도입된 볼로냐 프로세스는 가맹국 내에서는 미국식 학사·석사·박사 제도로 통일학위제를 적용하며, 대학교육의 품질보증을 위해 국가인증제도를 도입하는 것을 골자로 하고 있다. 즉, 유럽 어느 대학을 나오든 회원국 내 취업 자격 요건을 갖추게 된다는 의미이며, 유럽대학들이 상호 학제승인과 제휴를 통해 경쟁력 강화와 인재 확보를 도모했던 것이다. 유럽연합의 통일된 학위제에 따라 독일의 대학들도 학제를 바꾸어야 했으며, 독일대학의 교육과정 또한 유럽의 다른 국가들로의 교육시장과 노동시장에서의 경쟁력 확보를 위해 전환이 불가피했던 것이다. 이러한 상황에서 독일의 고등교육기관들은 기존 중등교육에서 시행해 왔던 직업교육 부문의 이원화제도를 고등교육 부문으로 확대해 나갔다. 독일에서는 대학 이원화 교육은 2000년대 초반부터 일부 시행되고 있었지만 2005년 볼로냐프로세스를 기점으로 크게 확대되었던 것이다.

이렇게 1970년대부터 시작되어 1980~1990년대를 거치면서 대학 이원화 교육은 다양한 모델로 발전되어 갔다. 직업학교, 행정아카데미와 경제아카데미, 직업아카데미, 응용과학대학 혹은 종합대학 등 다양한 교육기관들이 기업의 교육파트너로 참여했다. 교육시스템에서 이러한 교육기관들의 법적 지위와 자리매김은 그만큼 다양했으며, 일부는 명확하게 중등교육단계Sekundarbereich II의 직업교육훈련모델이며, 다른 일부는 고등교육단계Studienmodelle의 교육모델이었다. 그러나 궁극적으로 고등교육단계의 교육모델이 고등학교 졸업생들에게 더 매력적일 뿐만 아니라, 기업들도 더 높은 수준의 자격요건을 갖춘 '전문적인 인재양성'을 선호했기 때문이다.

오늘날 현장 실무와 대학의 이론교육이 연계된 대학 이원화교육기관으로는 독일에서 최초로 대학 이원화교육을 시작한 독일의 바덴-뷔르템베르크 이원화대학Duale Hochschule Baden-Württemberg, DHBW, 그리고 2023년 독일 내 학생들로부터 경제경영분야에서 가장 우수한 고등직업교육기관으로 선정된 미텔슈탄트대학Fachhochschule d es

Mittelstands, FHM 등이 대표적이다. 그리고 지난 2004년 이래 독일의 대학 이원화 교육은 독일의 실용주의적인 직업 인식과 더불어 독일의 전체 교육구조에서 확고한 위상을 가지고 체계적으로 실시되고 있다. 이원화 고등직업교육은 1974년 바덴-뷔르템베르크 직업아카데미Berufsakademie Baden-Württemberg가 대학교육과정에 이원화 제도를 도입하고, 1990년 12,400명까지 신입생 수를 확대한 것에서 그 기원을 찾을 수 있다.

〈그림 19〉 바덴-뷔르템베르크 이원화대학 전경

〈그림 20〉 미텔슈탄트대학교 독일 전역 10개 캠퍼스 전경

바덴-뷔르템베르크 이원화 대학은 1970년대에 부분적으로 직업학교시스템으로서 '바덴-뷔르템베르크 직업아카데미'로 설립되었다. 1971년 다임러-벤츠사Daimler-Benz와 슈튜트가르트 주변 공업단지에 위치한 기업들—로버트 보쉬Rebert Bosch, 스탠다드 엘렉트릭 로렌츠Standard Elektrik Lolenz—과 같은 산업체의 제안으로 이원화 고등직업교육과정의 필요성이 공론화 되었다. 그리고 1972년 7월 15일, 바덴-뷔르템베르크 직업아카데미의 주도로 뷔르템베

르크 행정경영아카데미, 중부 네카지역 산업경영회의소와 긴밀한 협조 속에 '슈튜트가르트 모델Stuttgart Model'로 불린 고등직업교육과정을 개발했다. 다음해 당시 바덴-뷔르템베르크 주 내각 문화부장관 빌헬름 한Wilhelm Hahn은 새로운 이원화 고등직업교육과정인 '직업아카데미' 설립을 발표했으며, 마침내 1974년 10월 1일, 슈튜트가르트와 만하임에 직업아카데미가 시범적으로 설치·운영되었다. 그해 전체 164명의 학생들이 산업Wirtschaft과 공학Technik 분야의 51개 직업훈련기업과 훈련계약을 맺고 직업아카데미에 등록하였다. 이후 직업아카데미가 주변 지역으로 확산되자 1982년, 주 정부는 '바덴-뷔르템베르크 주 직업아카데미법Gesetz über die Berufsakademie im Land Baden-Württemberg'을 재정해 이 직업아카데미를 주의 정규 대학교육기관으로 승인했다. 1990년까지 이 직업아카데미 학생 수는 12,140명, 2004년에는 18,000명으로 늘어났으며, 나아가 2009년 2월 28일에는 8개 지역캠퍼스와 3개 분교를 주변 도시에 가진 대형 교육기관으로 성장했다. 결국 2009년 3월 1일, 바덴-뷔르템베르크 직업아카데미는 이원화 교육과정에 집중하는 하나의 특별한 형태의 응용과학대학인 바덴-뷔르템베르크 이원화 대학이라는 명칭의 주 소재 국립대학으로 승격되었다. 이후 공법 상 법인이자 국가기관인 바덴-뷔르템베르크 이원화 대학은 미국식 주립대학제도를 모방해, 분산된 캠퍼스를 하나로 통합한 대학시스템을 갖추었다. 이 이원화 대학은 2014~2015학기에 학생 수 34,000명 규모로 성장하였고, 2014년까지 141,000명 이상의 졸업생을 배출하였다.

독일의 교육체계에서 법적지위를 보유한 고등교육기관은 종합대학교, 응용과학대학교, 이원화 대학교, 직업아카데미, 전문학교 등을 포괄하고 있다. 응용과학대학의 법적 지위는 연방고등교육법 Hochschulgesetze에 의해 규제된다. 하지만 여타 교육기관들의 법적 지위는 통일된 것이 아니고 다양했으며, 특히 직업아카데미의 경우 상이한 법적 지위를 보유하고 있었다. 작센 주와 일부 연방 주의 경우 직업아카데미에 대한 특정한 법률이 있다. 그리고 일부 직업아카데미에는 대학졸업학위을 제공하지 않고, 단지 국가가 인정하는 졸업자격만 부여하며, 학습자에게 대학졸업학위를 제공하려면 관련된 기관들과 협력을 통해서만 가능했다.

바덴-뷔르템베르크 주의 이원화 대학의 사례를 토대로 연방직업교육연구원 BIBB과 연방교육연구부 BMBF는 대학의 교육과정에 이원화 제도를 확대해 나갔으며, 이후 양 기관의 고등직업교육 촉진 정책으로 인해 이 제도를 도입한 대학의 수가 크게 증가하였다. 물론 대부분은 산학협력체제가 상대적으로 잘 이루어진 응용과학대학에서 이원화 과정을 도입하였다. 결국, 대학 내 이원화 고등직업교육 과정은 2010년에 이르러 응용과학대학에서 394개, 바덴-

〈표 4〉 연방주 이원화 고등직업교육 제공 대학 / 기업 비율

Bundesland (독일 연방 16개주)	Bildungsanbieter(% von 225) 이원화 고등직업교육 제공 대학 수와 비율(총 225개 대학)	Unternehmen(% von 1.834) 이원화 고등직업교육 참여 기업 수와 비율
Baden-Württemberg	48(21%)	560(31%)
Bayern	44(20%)	381(21%)
Berlin	29(13%)	143(8%)
Brandenburg	7(3%)	67(4%)
Bremen	10(4%)	78(4%)
Hamburg	28(12%)	160(9%)
Hessen	29(13%)	211(12%)
Mecklenburg-Vorpommern	6(3%)	57(3%)
Niedersachsen	31(14%)	185(10%)
NRW	59(27%)	460(25%)
Rheinland-Pfalz	14(6%)	115(6%)
Saarland	2(1%)	55(3%)
Sachsen	21(9%)	110(6%)
Sachsen-Anhalt	6(3%)	61(3%)
Schleswig-Holstein	10(4%)	87(5%)
Thüringen	10(4%)	76(4%)

뷔르템베르크 이원화 대학을 포함한 기타 대학에서 188개, 직업 아카데미에서 164개, 그리고 종합대학에서 29개를 개설하게 되었다. 그리고 〈표 4〉에서 볼 수 있듯이, 2018년에 이르러서는 독일 내 429개의 전체 독일대학에서 1,479개 학사 94%, 석사 6%, 그리고 기업에서 무려 5,149개 학사 98%, 석사 2%의 이원화 고등직업교육 과정을 개설하게 되었다. 그 중 바덴-뷔르템베르크에는 단연 독일에서도 이원화 고등직업교육을 제공하는 대학기관과 기업이 가장 많다.

1990년대 중반부터 확산일로에 있는 독일의 고등교육단계의 이원화 고등직업교육은 직업아카데미에서 시작해 주로 응용과학 대학교에서 시행되어 왔다. 하지만 적어도 2000년대에 들어와서는 다양한 고등교육기관들에서 시행되고 있으며, 심지어는 일반 대학교에서도 이원화 학사과정을 운영하는 등 고등단계의 직업인 양성을 위해 이원화 교육과정Duale Studiengänge을 운영하고 있다.

이원화 고등직업교육에서 시행하고 있는 교육과정의 기본적인 컨셉은 〈그림 21〉에서 볼 수 있듯이 이론Theorie과 실습Praxis을 두 축으로 하고 있다는 점에서 중등교육단계의 직업교육훈련과 유사한 형태이다. 그러나 대학의 학사구조에서 기업 내 장기현장실습을 학사과정의 일부로 정하고 있다는 점, 직업경험을 학점으로 인정해 주고 있으며, 직업활동과 학사학위과정을 병행하고 있다는 점에서 차이가 있다. 그러나 무엇보다도 큰 차이는 중등단계의 직업교육훈련에 비해 실습의 난이도와

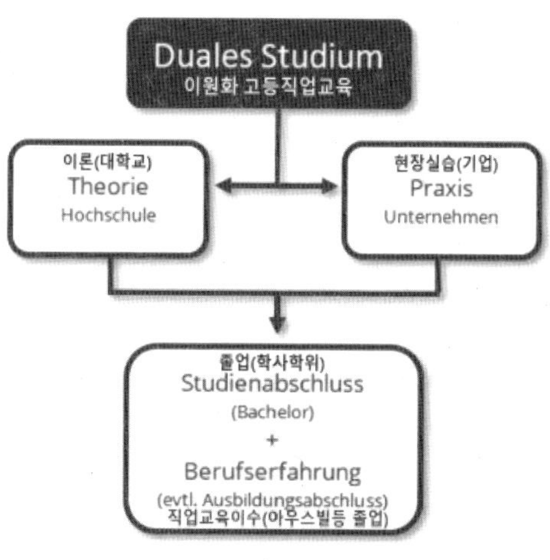

〈그림 21〉 이원화 고등직업교육 구조
(출처 : https://www.bwl-studieren.com/duales-studium)

〈표 5〉 중등 및 고등교육 이원화 비교

	중등교육 이원화	고등교육 이원화
이원화 교육훈련의 중심기관	기업	대학 / 응용과학대학 / 직업아카데미
연방차원의 통일된 직업교육훈련규정	있음	없음
참여자의 최소 자격요건	없음	대학입학자격

출처: 이동임, 2016

수준이 월등하게 높다는 점에 있다. 그리고 주로 기업체가 중심이 되는 중등단계와 달리 이원화 고등직업교육은 대학이 중심이 되어 기업 및 직업학교와의 협력관계를 구축하고 있다는 점에서 큰 차이가 있다. 또한 이원화 학사과정은 일반 학과의 학사과정에 비해 실무교육과 실습 비중이 현격히 높다. 독일의 이원화 대학은 한국의 교육중심 혹은 취업중심대학과 유사한 형태이지만 학생들이 입학 이전부터 기업과의 계약관계를 맺고 있으며, 대학 또한 기업과의 긴밀한 협력 하에 소위 사회수요에 맞춘 실무형 인재인 학사학위자를 양성하고 있는 것이다. 나아가 2015년부터 독일에서는 니더하인 응용과학대학Hochschule Niederrhein, 앞서 언급한 미텔슈탄트대학, 그리고 2022년에 설립된 함부르크 직업교육대학Berufliche Hoshschule Hamburg 등과 일부 대학교에서는 삼원화 학사교육과정Triale Studium을 제공하고 있다. 이론과 견습Lehre 중심으로 한 전문 직업기술훈련인 아우스빌둥Ausbildung, 장인자격Meisterbrief, 그리고 학사학위를 결합한 삼원화 교육 프로그램은 학위과정까지 대략 5년간 지속된다.

현재 독일에서는 중등단계 직업교육과정보다 대학 이원화교

〈그림 22〉 2018년 이원화 고등직업교육 제공 대학 통계
(출처 : https://www.wegweiser-duales-studium.de)

육이 점점 더 각광을 받고 있는 추세이다. 또한 다수의 전문가들은 일반 중등단계의 이원화 직업교육훈련만으로는 점점 더 고도화되는 독일 전체 산업의 고급기술인력에 대한 수요를 충족할 수 없기에 일반대학에서도 이원화 고등직업교육의 학사과정을 시행할 것을 지속적으로 권고해 왔다. 전문가들이 제기한 이원화 고등직업교육은 독일의 인구 감소 및 대학 진학 기피 현상이 초래한 직업(전문)인력 감소, 그리고 매년 첨단산업 중심으로 재편되고 있는 독일의 산업적 요구에 고급전문인력을 충원해야 할 필요성 때문이었다. 이러한 산업적 수요의 변화에 따라 2018년에 들어와 이원화 고등직업교육을 시행하는 대학의 수는 크게 증가했으며, 〈그림 22〉에서 볼 수 있듯이 그 중 응용과학대학은 독일 전체 대학 중 64%를 차지하였다.

한편 독일은 이원화 고등직업교육Duales Studium을 통해 직업교육과 대학교육 사이의 교차점에서 고등직업인 양성을 목표로 상호 연계된 성공적인 고등직업교육모델을 개발하였다. 전문성이 높은 직업을 준비하는 단계로써 전문인력을 배출하는 대학교육 과정은 직업생활 중장기적 교육과정으로써 체계적으로 연계된다. 또한 이원화 직업교육훈련 제도 내에서 이루어지는 전문역량강화 훈련 과정과도 연계된다. 이러한 이유로 대학교육과 직업교육의 연계에 대한 공급과 수요는 지난 몇 년 사이 꾸준히 증가하였다. 특히 학업성취도가 높은 청소년은 이원화 직업훈련제도가 제공하는 전통적인 직업교육보다는 이원화 고등직업교육의 기회를 더 선호하는 것으로 나타났다. 현재 독일에서는 이원화 고등직업교육의 기회를 제공하지 않는 기업이 거의 없을 정도이며, 기업 또한 이원화 고등직업교육의 기회를 통해 전문지식을 보유한 고급인력에 대한 효과적인 구인도구로 활용하고 있다. 나아가 점점 더 많은 기업이 이원화 고등직업교육 과정생과 일명 속박조항이 있는 계약을 통해 훈련생이 졸업 후 일정 기간주로 2~3년 동안에 기업에 남을 것을 의무화하고, 계약 기한 이전에 퇴사할 경우 비용환불을 강제하기도 한다.

실무교육과 대학의 커리큘럼이 상호 연계된 대학 이원화 교육과정에 참여하는 학생들은 대학의 입학허가와 기업체와 계약을 필수로 하고 있다. 학사교육의 과정에 참여하는 학생들은 기업과 직업훈련계약Arbeitsvertrag, 인턴계약, 혹은 시간제 고용계약 등의 계약관계를 체결한다. 일반적으로 학생들은 파트너 기업체와 대략 3년을 기한으로 하는 직업훈련계약을 체결한다. 그리고 업종과 기업의 상황에 따라 편차가 있지만 일반적으로 기업은 교육훈련생에게 월급Gehalt, Ausbildungsvergütung을 지급한다. 이원화 교육과정에서 학업하는 학생들은 일반적으로 기업에서 비록 교육생이지만 정기적인 월급을 받기 때문에 일반 대학생들이 학업과정에서 연방교육지원법에 따른 국가장학금BAföG이나 학생 아르바이트보다 훨씬 쉽게 학비생활비를 조달할 수 있다. 기업체가 교육생에게 부여하는 임부가 대학의 전공학업과 일치하기 때문에 기업체 내에서의 업무수행 수준과 그에 따른 경제적 대가가 일반 학생 아르바이트보다는 확실하게 높은 수준의 급여를 받게 하는 조건인 것이다. 급여의 경우, 교육생이 수행하게 될 직무와 관련한 기업체의 이해에 따라 그 조건이 달라질 수가 있기에 기업체와 교육생은 급여액을 상호 협상을 통해서 정할 수가 있다. 통상 일반 회사에서 교육훈련생의 연봉은 한화로 3~4천만 원 정도이나 교육훈련생은 이보다 적은 연봉을 수령하게 된다. 왜냐하면 보통 기업은 이원화 교육과정 중인 교육생들의 대학 학비를 대신 지불해 주기 때문이다.

〈그림 23〉에서 볼 수 있듯이 이원화 대학 입학허가에는 이원화 파트너와 직업훈련계약을 체결하는 것과 더불어 해당 전공분야에

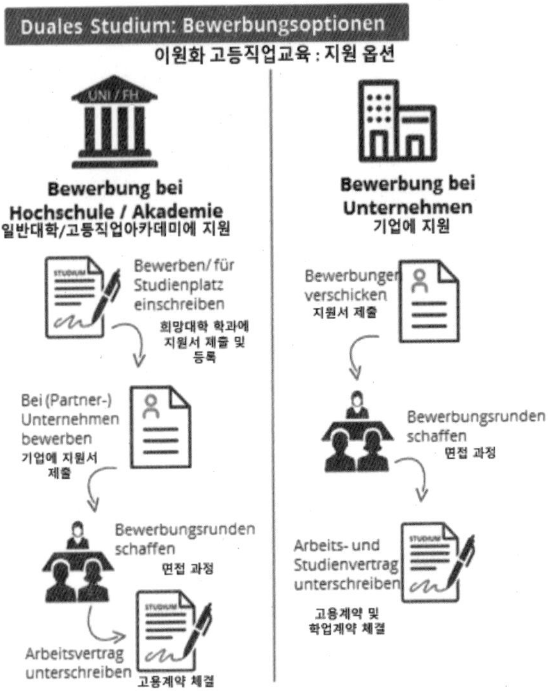

〈그림 23〉 이원화 고등직업교육 Two-Track 지원 절차
(출처 : https://www.mode-studieren.de/duales-studium)

대학입학자격을 획득하는 것을 전제로 하고 있다. 하지만 예외적으로 대학입학자격이 없더라도 우수한 직업경력으로 입학허가를 받을 수도 있다. 그리고 직업교육계약서를 체결한 후에 대학의 원서 접수기간에 맞추어 입학허가서를 신청해야 한다. 대학 이원화 교육을 받을 수 있는 지원과정은 주로 두가지 경우가 있다. 먼저 지원자들은 이원화 고등직업교육을 시행하는 대학에서 전공 분야

와 관련된 기업들을 소개받는 지원절차를 밟을 수도 있다. 둘째로 이원화 고등직업교육과정을 특정 기업으로의 취업과 직접 연계할 경우에 지원자는 해당 기업체와 학업과 연계된 고용계약을 체결한 후 기업이 참여하는 이원화 대학에 지원할 수 있다. 그리고 대학 이원화 고등직업교육 교육과정의 운영을 위해서 관할 지역 노동청과 이원화 대학은 이 이원화제도에 참여하는 기업에 대한 정보를 비롯하여 지원자의 지원절차 및 지원서 작성 등을 적극적으로 돕고 있다. 나아가 독일에서는 이원화대학 및 참여 기업에 대한 정보를 통합적으로 운영하는 온라인 플랫폼을 마련하고 있다. '대학 이원화교육 길라잡이Wegweiser-Duales-Studium.de'는 지원자들에게 전공교육과정에 적합한 직업교육훈련 및 현장실습을 제공하는 기업들에 대한 상세한 정보를 제공하고 있다. 또한 이 포털에서 지원자들은 대학 이원화교육을 통해 특정한 전공을 이수한 이후의 취업전망에 관한 자세한 정보도 얻을 수 있어 학업과 현장실습, 그리고 취업까지의 원스톱 서비스를 받을 수 있다.

한편, 바덴-뷔르템베르크대학의 경우처럼 이원화 대학의 교육과정 이수모델은 〈그림 24〉에서 볼 수 있듯이 대학의 이론학습과 현장훈련교육이 3개월을 단위로 교체되거나, 한 학기 내내 주 3일은 대학에서 이론교육을 받고, 2일은 기업현장에서 실무교육을 받은 방식이다. 혹은 학기 중에는 강의만 듣고 강의가 없는 기간

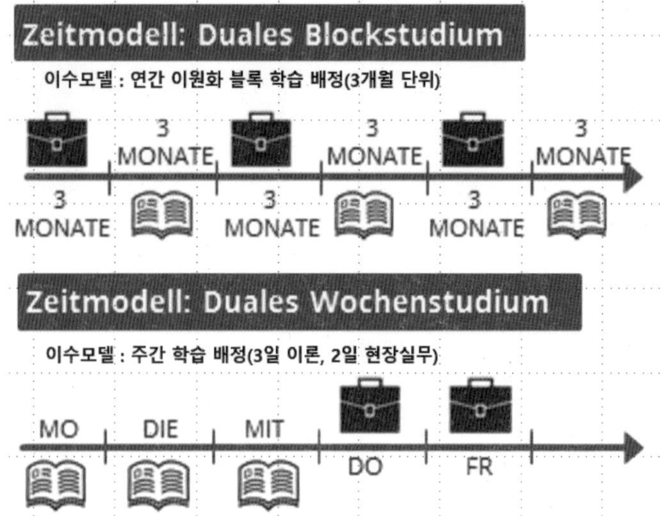

〈그림 24〉 대학 이원화교육 이수 모델

내지 실습학기에 기업에서 직업교육을 받는 방식도 있다. 또한 이외 대학교에서의 강의가 시작되기 전에 먼저 직업교육을 6~18개월 정도 이수할 수도 있다. 그 이후에는 남은 직업교육을 실습학기나 강의가 없는 기간에 마치는 형태도 있다. 그러나 어떤 경우이든 이원화 고등직업교육과정에서는 단지 대학생활의 50% 이내에 한해서 이원화 파트너인 기업이나 공공기관에서 직업교육훈련을 받을 수 있다. 독일 연방학술평의회Wissenschaftsrat der Bundesrepublik Deutschland는 대학 학업을 의미하는 '슈투디움Studium'은 대학이나 직업아카데미에서 전체 학업기간 중 최소한 절반 이상을 공부해야만 하는 것으로 규정하고 있다. 일반적으로 대학과 같은 고등교육기관에서

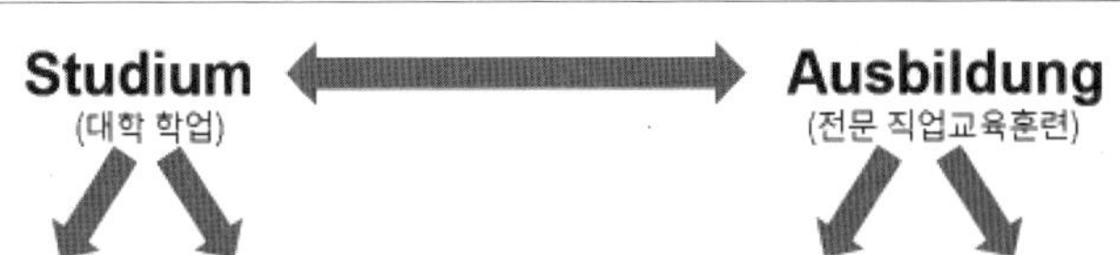

〈그림 25〉 대학 학업과 아우스빌둥의 차이

졸업요건으로 요구하는 필수학점을 이수해야 하기 때문이다.

직업교육과 대학교육은 과정의 유형에 따라 차이가 있지만 통상 평균 14개월 동안 기업과 직업학교, 그리고 경우에 따라 공동 직업훈련센터에서 직업교육을 받고 이후에 대학교육이 시작된다. 통상 3년에서 3년 반 정도의 이원화 대학교육과정이 끝나면 수공업협회나 상공회의소 등과 같은 직능단체가 주관하는 직업자격시험을 치르게 된다. 이 자격시험은 중등단계 이원화제도의 자격검정과 동일한 것이며, 현장실무 및 응용능력을 검증하는 것이 주된 목적이다. 시험에 합격한 이후 학생들은 이제 대학의 졸업논문을 준비하고, 이 논문이 통과되면 대학에서 학사학위를 취득한다.

이원화 대학교육의 가장 큰 의미는 대학교육이 직업교육과의 통합에 있는 만큼 이원화 대학교육에서 기업은 가장 중요한 역할을 맡고 있다. 대학과 기업의 긴밀한 연계로 독일대학 이원화 제도가 보여주고 있는 중요한 성과는 첫째, 기업은 이 이원화 제도를 인적자원관리의 도구로 활용하고 있다는 것이다. 둘째, 높은 졸업률이다. 이원화 대학교육과정에서는 25%에 달하는 중등단계의 중도탈락율에 비해 단지 교육생의 6.9%만이 중도에 탈락한다. 셋째, 높은 취업률로 고등교육단계의 이원화제도를 졸업하면 졸업생의 80% 이상이 직업교육을 받은 기업에 바로 취업을 할 수 있다는 점이다. 심지어 독일의 대표적인 이원화 대학인 미텔슈탄트 대학의 경우 2022년 97.6%의 높은 취업률을 기록했다. 넷째, 높은 승진가능성과 고액의 급여를 보장받고 있다는 것이다. 다섯째, 이원화 대학교육은 학생들의 교육기간이 평균 3~5년으로 일반 대학교육에 참여하는 학생들에 비해 짧고, 졸업과 동시에 두 개의 자격인 학사학위와 공인 이원화직업자격을 취득함으로써 기업의 선호도가 높다. 마지막으로 이원화 대학교육은 직업역량만을 보유하고 있는 직업 경력자들에게 대학의 문을 개방함으로써 경력자들의 역량강화를 지원하고 있다는 점 등이다.

이러한 이유로 대학 이원화교육이 전면적으로 시행되었던 2004년에 40,982명이었던 학생들은 현재 10만여 명 이상이 되었고, 학생들이 다양한 교육과정에서 수학하고 있을 만큼 대학의 학업과 기업에서의 직업교육훈련의 연계를 통해 실시되고 있는 독일의 '대학 이원화 교육제도'에 대한 선호도도 매우 높다. 그럼에도 2005년 독일 연방교육문화장관협의회KMK의 통계보고서는 2025

년에 이르러 학생들의 수요 증가율에 비해 기업체 제공의 실습자리가 부족해 오히려 이원직업교육훈련생의 수가 현격히 줄어들 것을 예견했다. 그리고 이미 2013년에 이원화 교육과정에 수학하려는 학생 수의 폭증으로 대학 이원화 교육을 위한 필수적인 33,000개의 실습자리가 부족한 현상을 맞이하기도 했다. 이처럼 대학 이원화 고등직업교육에 대한 선호도 폭증은 갈수록 첨단산업 중심으로 재편되고 있는 독일의 산업적 요구에 고급전문인력의 충원필요성이 강하게 제기된 것에서 기인한다. 즉, 직업교육의 고학력 선호 및 실무중심의 고등직업인력수요의 증가가 가장 중요한 원인이었다는 것이다. 이러한 상황을 종합적으로 고려할 때, 향후 대학 이원화교육은 더욱 확대될 것이다.

〈그림 26〉 독일대학 이원화 교육과정 개설 비율 및 수학 학생 비율(%)

지난 2000년대 초반 이래 독일의 대학 이원화교육은 모델과 형식의 측면에서 성공적인 발전을 해왔다. 또한 대학 이원화 교육을 제공하는 대학 및 고등교육기관들의 수, 교육과정과 학생 수도 그에 따라 급속히 증가했다. 그러다 보니 자연스럽게 이제 대학 이원화교육에 대한 체계화가 필요했다. 체계화 작업은 고등교육의 영역에서 대학 이원화 교육의 자격과 수준을 포함한 개선점을 찾는 것에서 시작되었다. 특히 이원화 교육과정을 제공하는 고등직업교육기관이라는 명칭에도 불구하고 대학의 교육과정에 적합한 조건들을 충족하지 못하고 있는 교육기관들에 대한 가이드라인을 제시하는 것이 주요한 과제였다. 이와 같은 문제의식에서 독일의 연방정부와 주 정부의 학술 연구 자문기구인 '학술위원회Wissenschaftsrat'는 〈표 6〉에서 볼 수 있듯이 대학 이원화교육의 교육과정을 다음 세 가지 프로그램 유형으로의 모델화방안을 제시하였다.

첫째 유형인 '직업교육훈련통합형 교육과정Ausbildungsintegrierende duale Studiengänge'은 '첫 번째 직업교육훈련Erstausbildung'을 시작하는 대학 신입생들을 대상으로 하여 국가 승인의 직업교육훈련 대상 직업Staatlich anerkannte Berufe을 대학의 교육과정에 체계적으로 연계하는 것이다. 즉, 직업교육훈련의 일부를 학업성취로 인정하며, 이를 위해 대학이나 직업아카데미, 현장교육 제공 기업 — 경우에 따라서는 직업학교나 전문학교까지 — 의 협력을 통해 대학과 기업 혹은 현장실습시설이 제도적 / 구조적으로 연동이 되어 실시되는 교육과정을 말한다. 전체 학업 과정을 성공적으로 마친 졸업자들에게는 추가로 학사학위Bachelor-Abschluss가 수여된다.

둘째 유형인 '실습통합형 이원화 교육과정Praxisintegrierende duale Studiengänge'은 '첫 번째 직업교육훈련과 계속교육Erstaus-und Weiterbildung'으로서 기업체에서 실시하는 장기현장실습과 연동되어 실시된다. 학업과정을 시작하기 전에 견습생은 기업체와 체결한 시간제고용Teilzeit-Beschäftigung에 관한 계약서나, 실습계약 혹은 자원봉사계약을 제출해야 한다. 학생들이 기업체에서 수행하는 실습은 통상적인 대학의 학사과정 중 필수실습기간이나 인턴십 기간보다는 더 길다. 졸업자들은 실습통합형 이원화 교육과정에서 단지 학사학위Bachelor-Abschluss만을 취득하게 되며, 거의 전체 대학 이원화 교육과정의 50% 이상이 이 유형에 속한다.

셋째 유형인 '직업동반형 이원화 교육과정Berufsintegrierte duale Studiengänge'은 '직업적 계속교육'으로서 이미 사전에 직업교육을 마치고, 직장을 가진 노동자들을 대상으로 한다. 시간제로 직장에 고용된 상태에서 학업을 병행하기에 교과과정은 직장에서의 업무와 학업을 고려해 조정된다. 또한 교과내용도 학업과정에서 직업 현장의 실무적인 문제들이 제기되거나, 혹은 학술적인 문제제기나 이론들을 직장의 실무에 적용하는 방식을 강구하는 등 탄력적으로 구성된다. 이 직업동반형 이원화 교육과정은 학사학위나 석사학위Bachelor-oder Masterabschluss 취득과 연계되어 실시되기도 한다.

위 세 가지 유형 중 '직업교육훈련통합형 교육과정'과 '실습통합형 이원화 학업과정'은 대학 입학과 함께 1차 교육으로 제공되는 것이며, 세 번째 유형인 '직업동반형 이원화 교육과정'은 계속교육교육Fortbildung의 하나로 이수되기도 한다. 독일학술위원회는 추가로 계속교육보수교육의 형태로 네 번째 실습연계 모델을 제시하고 있는데 이 모델은 인턴십이나 실용적인 내용이 있지만, 효율이 낮다고 평가되고 있다. 네 번째는 실제 의미가 없기 때문에 대부분의 주요한 프로그램 유형에서 다루어지지 않는다.

대학 이원화 교육의 교육과정에 대한 기본 형태들에는 다양한 변형들이 있다. 예를 들어 몇몇 학업과정은 이원화 직업교육훈련의 직업과정에서 수공업마이스터와 같은 하나의 계속교육졸업자격Fortbildungsabschluss을 제공하기도 함으로써 '삼원화 교육Trialen Studium'의 형태이기도 하다. 반면에 원격교육, 직장 외 간헐적 학습 혹은 직업종사 후 대학원 과정은 이원화 교육의 유형이 아니다. 결정적으로 이러한 유형의 교육들은 학술적 혹은 직업적 학습장소가 계

〈표 6〉 대학 이원화교육의 유형

분야	내용
양성 직업 교육	VET통합과정(Ausbildungsintegrierende duale Studiengaenge) - 입학조건 : 대학입학자격이나 전문대학입학자격, 사업장과 VET계약 - 교육과정 : 직업교육을 받은 적이 없는 학생들을 대상으로 하는 직업교육 과정 - 특징 : 대학과정과 공인된 이원화제도의 직업에 대한 직업교육훈련(VET)이 시간적으로나 내용적으로 연계되어 있으며, 직업학교에서의 이론교육이 부분적으로 필요하기도 함 - 졸업 : 학사와 공인된 이원화제도의 직업자격을 받게 됨

분야	내용
양성 직업 교육	인턴통합과정(Praxisintegrierende duale Studiengaenge) - 입학조건 : 대학입학자격이나 전문대학입학자격, 사업장과의 계약관계(인턴계약, 시간제 고용계약, 견습계약(Volontariatsvertrag)등) - 교육과정 : 직업교육을 받은 적이 없는 학생들을 대상으로 하는 직업교육 과정 - 특징 : 대학과정과 기업에서 장기간의 인턴이 연계되어 있거나 혹은 기업과 시간제 고용관계 아래 대학과정을 수료하게 되는 경우로, 장기간 인턴이나 시간제 고용관계에 의한 실무기간은 블록형태로 진행되기도 함. 이런 실무과정이 의무적이며, 학점으로 인정됨. 인턴과정이나 시간제 고용관계는 대체로 하나의 기업에서 진행됨. 기업과 대학과의 관계가 긴밀함. - 졸업 : 학사자격만 보유하나 장기간 기업과의 계약관계로 인해 그 기업에 취업 가능성이 높음
향상 직업 교육	직업통합과정(Berufsintegrierende duale Studiengaenge) - 입학조건 : 대학입학자격이나 전문대학입학자격은 필요하지 않음. 기업에서의 시간제 고용계약 - 교육과정 : 직업경력자들을 위한 향상교육 과정 - 특징 : VET과정을 마친 직업경력자들을 대상으로 하는 과정임. 대학교육과정과 기업에서의 업무가 내용적으로 연계되어 있어야 하며, 기업이 커리큘럼 구성에 참여함 - 졸업 : 학사/석사 자격
	직업병행과정(Berufsbegleitende duale Studiengaenge) - 입학조건 : 대학입학자격이나 전문대학입학자격은 필요하지 않음. 기업의 정규고용계약 - 교육과정 : 직업경력자들을 위한 향상교육 과정 - 특징 : 기업과 전일제 고용관계에 있으면서 세미나를 통해 대학교육과정을 이수하는 형태로 대학통신교육(Fernstudium)형태와 비슷함. 대학통신교육은 학생들이 개인적으로 진행하는 것인 반면, 직업병행과정은 기업에서 특정한 부분(예를 들면, 대학에 출석하는 기간 동안의 근무 면제 등)을 지원한다는 것이 차이임. 대학교육과정과 기업에서의 업무가 연계되어 있지 않아도 되며, 기업이 커리큘럼 구성에 참여하지 않음 - 졸업 : 학사 / 석사 자격

출처 : 이동임, 2017, 7쪽; C. Kupfer a.o, 2014

약관계에 따른 규정이나 교과과정과 연동되어 있지 않기 때문이다. 한편 이론과 실무를 겸한 수많은 교육과정이 우후죽순으로 공급되자 독일학술위원회는 '대학 이원화교육'의 이름으로 제공되는 다양한 교육과정에 대한 기준으로 〈표 7〉에서 볼 수 있듯이, 다음 6가지 분야의 요구사항을 제시하였다.

위와 같은 요건들로 학술위원회는 이원화 교육과정의 질을 평가하는 데에 필수기준을 공식화했으며, '교육 장소'와 '학술적 요구사항' 및 '실습분야 편성' 세 가지 요건은 최소한의 질적인 조건으로, 나머지 세 가지 요건은 희망사항으로써 추가 서비스 및 구조적 조건을 제시했다. 특히 위와 같은 교육 요건은 고등교육법이 허용하는 기관이 제공하는 교육과정에 대한 '인증'작업이 매우 중요하다. 중앙조정기관인 독일교육과정인증협의회Stiftung Akkreditierungsrat는 "고등교육기관이 구체적인 교과과정의 틀에서 다양한 학습장소의 체계와 내용, 조직과 계약이 연동되어 있는 것을 보장하는 것과 같은 인증절차에서의 명백한 증명에 기반"해야 한다는 규정을 제시하고 있다. 위 3가지 요소에 대한 "상호 연계된 설계에 대한 책임은 고등교육기관"에 있다고 명확하게 규정하고 있다.

중등단계의 직업교육훈련과 마찬가지로 고등교육단계의 이원화 교육과정에는 특히 이원화 교육에 가장 중요한 고등교육기관과 기업이 체결하는 계약관계가 매우 중요하다. 때문에 독일학술

〈표 7〉 대학 이원화 교육의 요건

분야	내용
교육장소 관계	교육장소에 대한 내용과 시간 및 제도적 상호 연계성
학술적 요구사항	대학 이원화 교육의 학술적 요구사항 충족 여부 학업성취도, 교수자의 수준을 포함한 연구와의 연계성
실습 분야 편성	기업에서의 실습단계와 대학 학업 형성의 통합성 실습 내용의 요구수준과 학습 강도
실습파트너 대응	기업에서의 학생들의 소속감 및 밀착도 계약설계의 유형, 실습단계 조직, 졸업 후 학생 취업.
대학의 지원역량	학생들을 위한 대학의 추가 지원 및 상담 서비스
비용과 재정지원	학업과정 이수 비용(유료 / 무료)에 대한 명확한 고지 학업비용의 출처(직장 급여 / 직업훈련견습비 등) 제시 및 학자금 대출 유무

출처 : Wissenschaftsrat, 2013 : 24~25.

진흥재단Stifterverband für die Deutsche Wissenschaft과 독일연방사용자단체연합Bundesvereinigung der Deutschen Arbeitgeberverbände가 제시하고 있는 일반적인 계약 구성요소는 다음과 같다.

학생선발의 경우, 이원화 교육제도에 참여하는 기업의 고용주 혹은 고용주와 협력관계에 있는 회사의 책임 하에 진행되며, 업체와 학생 간의 관계는 직업교육훈련계약, 노동계약 혹은 인턴십계약에 의해 규정된다. 또한 이 계약서는 계약기간, 상호관찰기간, 학업과 노동 단계의 수행, 견습비와 사회보장혜택, 회사와 학생의 계양이행 의무, 해약 조건 및 구속력 효력 조항 등을 규정하고 있다. 나아가 이원화 교육훈련 이후 실습을 수행했던 회사의 고용의무는 없다. 그럼에도 불구하고 기업들은 높은 비용을 투자해 역량과 자격을 갖춘 졸업생들을 적절한 일자리에 고용하고자 한다. 회사들은 이원화 교육제도에 따른 맞춤형 실습을 통해 양성된 우수한 졸업생을 자기 회사에 고용하는 것이 장기적으로 비용을 절감하는 데에 유리하다고 판단하기 때문이다.

한편, 독일의 대학 이원화 교육제도는 인공지능시대와 디지털 대전환기에도 매우 적합한 고등직업교육 모델로 평가되고 있다. 일부 독일교육학자들이 대학 이원화 교육제도가 '사회적 수요에 적합한 인력양성과 더불어 학문의 질 담보'를 동시에 성취할 수 있다는 주장에 의구심을 갖기도 한다. 하지만 현재까지 독일의 대학 이원화교육제도에 대한 학생들의 선호도 증가, 대학과 기업의 협력체계를 통한 이론과 실무가 연계된 교육 등 사회경제적인 측면에서는 대부분 매우 긍정적인 평가를 내리고 있다.

이러한 경향을 반영하듯이 대학 이원화 교육은 〈표 8〉에서 볼 수 있듯이 적어도 지난 2004년 이래 교육과정 수, 협력 기업의 수, 학생 수에 있어 지속적인 증가율을 나타내고 있다. 우선 2016년부터 2022년까지 3년 동안, 대학 이원화 교육과정 수와 참여 협력기업의 수뿐만 아니라 이원화 학업수행 학생 수 또한 꾸준히 증가하는 것을 볼 수 있다. 또한 이 기간에 학생 수는 4% 정도로 온건한 성장률을 나타냈지만, 교육과정과 협력기업의 성장률은 각각 약 8% 정도를 기록한 말큼 선호가 높다는 것이 이를 증명한다. 고등직업

〈표 8〉 대학 이원화 교육과정 수, 협력기업 수, 학생 수 (2004~2022)

연도	교육과정 수	협력기업 수	학생 수
2004	512	18.168	40.982
2005	545	18.911	42.467
2006	608	22.003	43.536
2007	666	24.246	43.220
2008	687	24.572	43.991
2009	712	26.121	48.796
2010	776	27.900	50.764
2011	929	40.874	61.195
2011*	879	40.555	59.628
2012*	910	45.630	64.093
2013*	1.014	39.622	64.358
2014*	1.505	41.466	94.723
2015*	1.553	42.951	95.240
2016*	1.592	47.458	100.739
2019*	1.662	51.060	108.202
2022	1.749	56.852	120.517

교육에 대한 선호도와 성장률을 좀 더 자세히 보면, 대학 이원화 교육에 대한 통계평가가 시작되었던 2004년에 비해 2019년에서는 이원화 교육과정이 대략 500개에서 1,669개로 크게 증가해 거의 3배 이상의 증가율을 보이고 있다. 이원화 교육과정을 실시하는 고등교육기관도 2019년에 약 51,000개의 실습파트너와 협력관계를 유지하고 있다. 게다가 실습업체 수 또한 거의 3배 정도 증가했다. 〈그림 27〉에서 볼 수 있듯이, 대학 이원화 교육과정을 첫 번째 직업교육훈련으로 선택한 2016년에 비해 2019년에는 대략 4%7,463명가 증가했다. 결국 2004년에 40,982명의 이원화 교육과정 수학 학생들에 대비해 분석기간인 2022년까지 18년 동안 지속적으로 성장해 2022년에는 120,517명으로 증가함으로써 대략 3배 정도의 성장을 했다.

연방직업교육원의 보고서 "AusbildungPlus 2022"의 통계에서

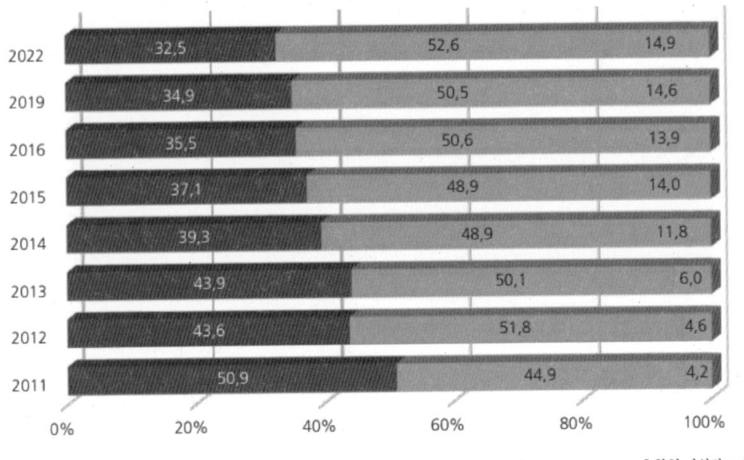

〈그림 27〉 첫 번째 직업교육훈련에서 이원화 교육유형의 분포 2019~2021
(출처: AusbludungPlus 2022 : 13)

도 대학 이원화 교육의 주요 경향은 다음과 같다. 우선 2011년 이래 대학 이원화 교육은 지속적으로 성장하고 있으며, 대학 이원화 교육제도는 학생들의 학습프로필로서 안정적인 위치를 차지하고 있다. 그리고 이원화 교육제도는 전반적으로 독립적인 교육경로로서 일반 직업교육에 비해 더 큰 호응을 얻고 있으며, 새로운 국가학습인증계약에서도 대학 이원화 교육제도가 명확하게 인정되고 있다.

둘째로 대학 이원화 교육과정의 중심이 직업교육훈련아우스빌둥통합형Ausbildungintegrierendes Studium에서 실습통합형Praxisintergrierendes Studium으로 이동하는 경향을 나타내고 있다. 〈그림 27〉에서 볼 수 있듯이, 2022년에는 그 비율은 직업교육훈련통합형이 41.9%, 실습통합형

이 48.5%에 달해 대세가 되었다. 그중 특히 실습통합형으로의 이동이 더욱 확대되는 경향을 나타내는 것은 대학 이원화 교육이 주로 중등교육과정 이후의 전문 직업기술훈련에 해당되는 아우스빌둥에서 보다 높은 수준의 실습과정을 이수하는 고등직업교육과정으로 그 선호도가 바뀌고 있다는 것을 의미하며, 이러한 선호도의 변화는 갈수록 첨단고도화되는 디지털 전환 때문이다. 참고로 직업동반형Berufsintegrierend-geltend 교육과정도 12.1%와 8.0%로 증가일로에 있으며, 이 혼합형태의 교육과정은 직장에 재직 중인 성인교육평생교육의 수요를 반영한 것이다. 그리고 대학 이원화 교육과정의 상당한 부분은 '직업교육법Berufsbildungsgesetz, BBiG' / 수공업질서법Handwerksordung, HWO에 따라 업체 내 직업교육훈련으로 규정되지 않고, 이전 직업아카데미Berufsakademie에서 제공되는 것과 같은 실습통합형 교육유형으로 인정되고 있다. 특히 과거 직업아카데미에서 응용과학대학Fachhochschule으로 승격한 대학이 실시하는 직업교육훈련통합형 이원화 교육이 가장 다수를 차지하고 있다는 것을 알 수 있다. 참고로, 위의 통계수치에서 이원화 교육과정을 제공하는 대학 중 '이원화 대학 바덴-뷔르템베르크DHBW와 아직 직업아카데미로 남아 있는 교육기관은 제외하고, 직업아카데미에서 대학으로 승격된 경우에만 해당된다. 참고로 직업동반형 이원화 교육과정의 경우, 직장에서의 실무와 대학에서의 이론이 상호 연계된 혼합된 형태의 신규 교육과정모델이 개발되고 있지만, 이러한 혼합형태 교육과정은 명백히 직업교육훈련통합형도 아니고 실습통합형도 아니다. 그럼에도 이러한 혼합형태의 교육과정은 2016년 13.9%에 비해 2019년에는 약간 증가한 14.9%, 2022년에는 대략 비슷한 14.6%를 차지했다.

셋째로 직업교육훈련에 토대를 두고 직업교육과 대학교육이 상호 연계된 소위 '대학교육통합형 직업교육Studienintegrierenden Ausbildung'이 새롭게 개발되고 있다는 점이다. 예컨대 노트라인-베스트팔렌주에 있는 6개의 고등직업단과대학Berufskolleg[1]과 함부르크 직업대학교Berufshochschule Hamburg, BHH가 대표적이다.

넷째로 독일의 각 연방주에서 대학의 구조적인 변화가 포착된다는 점이다. 예컨대 2022년에는 베를린에는 '베를린대학 이원화 교육지원에이전시Landesagentur Duales Studium Belin'가 설립되었으며, 작센주에는 추가로 직업아카데미가 이원화 응용과학대학Duale Hochschule으로 전환 중이다. 대학 이원화 교육에 새로운 경향 중에 또 하나

---

1 ① Berufskolleg für Gestaltung und TechnikAachen(https://www.bkgut.de/) ② Berufskolleg für Wirtschaft und Verwaltung der StädteRegion Aachen(http://www.bwv-aachen.de/) ③ Nell-Breuning-Berufskolleg Frechen (https://www.nbb-frechen.de/index.php/bildungsangebot/sia-nrw) ④ Berufskolleg Jülich(http://www.berufskolleg-juelich.de/sia) ⑤ Alfred-Müller-Armack-BerufskollegKöln(http://ama-berufskolleg.de/) ⑥ Berufskolleg Köln-Porz(https://bk10-koeln.de)

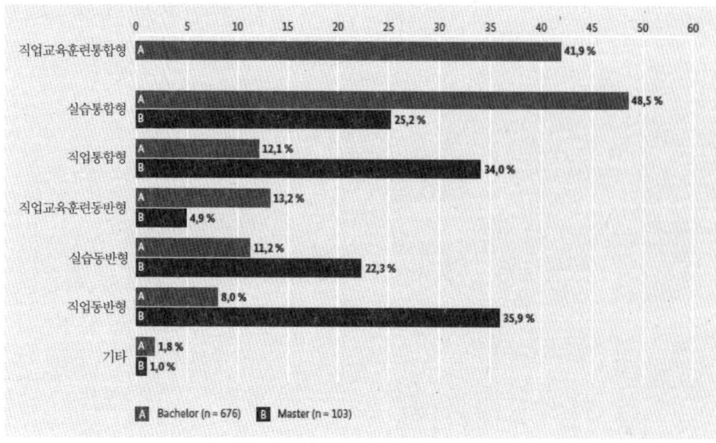

*중복 응답

〈그림 28〉 학사 교육과정 연계 유형별 통계(2022)

는 교육기관의 구조적 전환이 두드러지는, 이미 이원화 대학 바덴-뷔르템베르크가 얻은 것처럼 다수의 직업아카데미가 고등교육의 지위를 획득하기 위해 노력하고 있다는 것이다. 그밖에 지역 차원에서 추가로 엄브렐라우산 브랜드Dachmarken나 비슷한 단체구조들이 조직되고 있는데, 9개의 고등교육기관들이 공동으로 '독일 이원화 고등교육기관 협회Verband dualer Hochschulen'나 2019년에 '독일 이원화 대학교육 협회Verband Duales Hochschulstudium Deutschland e.V., DHSD' 등이 설립되어 상호 협력체계를 구축하고 대학 이원화 교육과정을 지원하고 있다.

다섯째, 또 다른 새로운 경향은 직업교육을 위해 직업학교와 대학이 상호 공동으로 시행하는 교육형태가 개발되고 있다는 점이

〈그림 29〉 독일 이원화고등교육기관 협회(DHSD) 설립 회의(2019.3.23)

다. 함부르크 직업대학이나 혹은 노르트라인-베스트팔렌주의 다수의 직업 대학에서 이러한 교육형태가 실시되고 있다. 또한 이원화 교육의 한 형태로 젊은이들의 진로판단을 지원하기도 한다. '베로니카VerOnika, Verzahnte Orientierungsangebote zur beru flichen und akademischen Ausbildung'라는 명칭을 가진 이 프로젝트는 직업학교와 고등교육기관이 공동으로 시행하는 진로탐색프로그램이다. 특히 대학과 직업파트너가 공동으로 일종의 연동형 오리엔테이션을 제공하는 이 프로그램은 대학 입학자격을 가진 청소년들이 대학진학과 직업선택의 정합성을 판단할 기회를 가질 수 있도록 1년 정도 '진로탐색의 해Orientierungsjahr'를 제공하고, 1년이 지난 후 학습자는 직업교육 혹은 대학교육 둘 중 하나를 선택할 수 있으며, 진로판단을 위해 투자했던 1년은 곧바로 대학에서의 학업 혹은 직업교육훈련에 반영승인될 수 있다. 연방교육연구부의 재정지원으로 시행되는 이 공동 프로젝트는 바덴-뷔르템베르크, 베를린, 헤센 등 3개의 연방주가 공동으로 시행하며, 공학에서 사회사업에 이르는 다양한 주제영역에서 직업 분야와 고등교육 전문가들이 참여한다. 프로그램은 지역 단위로 지원되며, 2020년 여름학기에 베를린공과대학TU Berlin과 베를린 응용과학대학Hochschule für Technik und Wirtschaft Berlin에서 "O ja!"라는 이름의 오리엔테이션 프로그램이 성공적으로 시작되었다. 2021년에 시행했던 바덴-뷔르템베르크의 경우 칼스루헤 상공회의소IHK Karlsruhe, 칼스루헤대학Hochschule Karlsruhe Technik und Wirtschaft, 그리고 다름슈타트 응용과학대학Hochschule Darmstadt 및 다양한 복지기관이 연계파트너로 참여했다.

〈그림 30〉 VerRonika-심포지엄 '직업교육 혹은 대학입학?'
2023.6.28, Berlin

여섯째로 독일에서 기존 대학 이원화 제도에서 새로운 고등직업교육의 모델로 '대학 삼원화 교육제도'가 시행 및 확대되고 있다는 것이다. 4~5년의 압축된 교육기간에 시행되는 대학 삼원화 교육제도는 기존 대학 이원화 교육제도에 추가로 마이스터자격을 부여하는 사실상 일반 직업교육훈련과 대학 학사학위에 중간급 관리자나 혁신경영인을 양성하는 제도라는 데에 큰 장점을 가지고 있다. 아직은 수공업 분야에 집중된 소위 19개 교육모듈에 적용되어 시행되고 있지만 갈수록 첨단 고도화되는 독일 국내 산업과 경제, 그리고 초연결사회가 동반하는 고객층의 세계화에 대응하기 위한

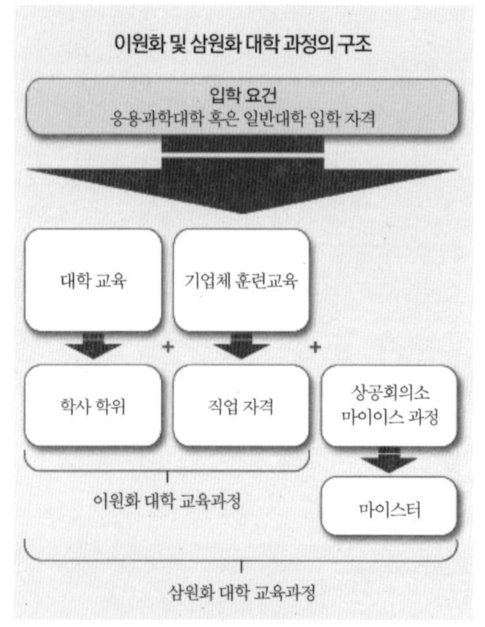

〈그림 31〉 대학 이원화 및 삼원화 교육제도의 구조

매우 선진화된 교육모델로 인정되고 있다.

마지막으로 독일 연방직업교육원이 매년 발간하는 직업교육통계자료집 *Ausbildung Plus*2022에 따르면, 대학 이원화 교육의 전공영역에 관한 최신 통계와 경향은 압도적으로 컴퓨터와 소프트웨어 및 정보통신 분야가 포함된 공학 분야와 법과 경제경영 중심의 사회과학분야에 집중되고 있다는 점이다. 〈그림 32〉에서 볼 수 있듯이 2022년도에는 이원화 교육과정 중 공학 분야와 사회과학 분야가 전체의 90% 이상을 차지할 만큼 선호도가 매우 높은 것으로 나타났다. 건강 분야는 기존의 경향에서 크게 변화가 없는 6.9% 정도로 안정세를 유지하고 있다. 그러나 인문학의 경우 고등직업교육의 특성상 0.1%이다. 이처럼 독일에서 공학 분야와 법과 경제경영 등 사회과학 분야가 강세인 것은 독일의 전통적인 산업인 제조업과 4차 산업혁명시대를 대비한 독일의 국가

전략 '인더스트리 4.0'의 영향이 가장 결정적인 요인으로 분석된다. 특히 인공지능을 위시로 한 소위 정보통신 분야의 기술과 경제경영 분야의 결합은 미래 독일의 산업의 중추라는 점에서 그 귀추가 주목된다고 할 수 있다.

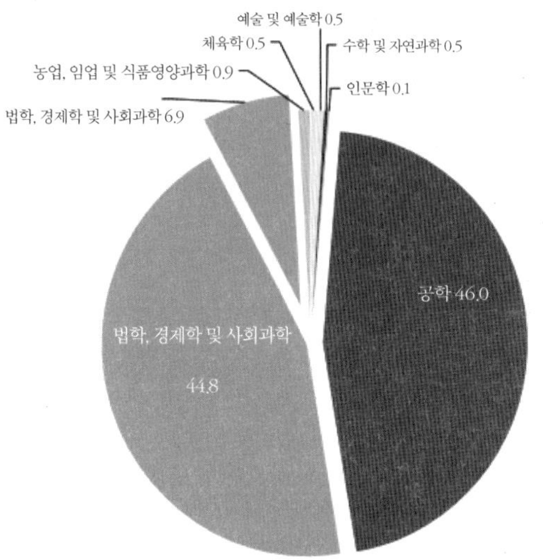

〈그림 32〉 최초 직업교육 중 대학 이원화 교육과정 전공분포도(2022)
(출처: AusbildungPlus 2022 : 16)

한편, 2022년에 최초로 직업교육을 겸한 대학 이원화 교육에서 전공별 교육과정 수와 학생 수의 특징은 공학과 사회과학, 그리고 보건 분야의 순이며, 세부 내용은 다음과 같다. 〈표 9〉에서 볼 수 있듯이 무엇보다도 엔지니어를 양성하는 공학의 경우, 기계와 설비기술이 240개 교육과정에 총 9,290명의 학생 수로 가장 많다. 뒤이어 전기전자학과가 108개의 교육과정에 5,596명의 학생 수를 보유하고 있다.

기초과학인 수학의 경우, 고등직업교육의 특성상 단지 5개 교육과정에 27명의 학생 수로 가장 미미한 수치를 기록하고 있으며, 그나마 물리학, 천문학, 화학, 약학, 생물학 등은 아예 교육과정과

〈표 9〉 최초 직업교육 중 전공별 이원화 교육과정 수와 학생수

주제 그룹 및 관련 연구 영역	2022년 연구 분야 연구 프로그램 수	2022년 연구 분야 이중학생 수
공학		
일반 공학	91	3.001
기계공학 / 공정기술	240	9.290
전기공학	108	5.596
교통공학, 항해학	40	1.255
건축학, 실내건축학	10	139
공간계획	5	72
토목공학	59	3.235
측량학		
정보공학	251	16.499
재료공학 및 소재기술	1	0
수학 및 자연과학		
일반 자연과학		
수학	5	27
물리학, 천문학		
화학		
약학		
생물학		
법학, 경제학 및 사회과학		
일반 법학, 경제학 및 사회과학	2	0
사회복지학	49	3.713
법학	9	45
행정학	63	11.502
경영학/경제학	509	46.766
경영공학	90	3.931
교육학	12	958
경영관리학	49	2.093

주제 그룹 및 관련 연구 영역	2022년 연구 분야 연구 프로그램 수	2022년 연구 분야 이중학생 수
보건과학		
보건학 및 치료학	121	10.305
체육		
체육 및 체육학	9	1.181
예술 및 예술학		
일반 예술 및 예술학		
디자인	9	526
공연예술, 영화 및 텔레비전, 연극학		
농업, 임업 및 식품영양과학		
조경학/환경디자인		
산림과학 및 목재경제학	3	10
농업과학, 식품 및 음료기술	13	360
인문학		
역사학	1	13
전체	1.749	120.517

출처: AusbildungPlus 2022 : 16

학생이 없다. 법학, 경제학, 사회학 분야에서는 경영학과 경제학이 총 509개의 교육과정에 46,766명의 학생 수를 기록해서 압도적이다. 이어서 경제경영공학이 90개의 교육과정에 3,931명의 학생 수, 행정학이 63개 교육과정에 11,502명의 학생 수를 기록하고 있다. 기타 보건 및 건강 과학 분야의 경우, 보건 분야와 심리치료나 물리치료 등 테라피 분야가 총 121개의 교육과정에 10,305명의 학생 수를 보유하고 있다.

2022년을 기준으로 독일의 고등교육기관 중 최초 직업교육에서

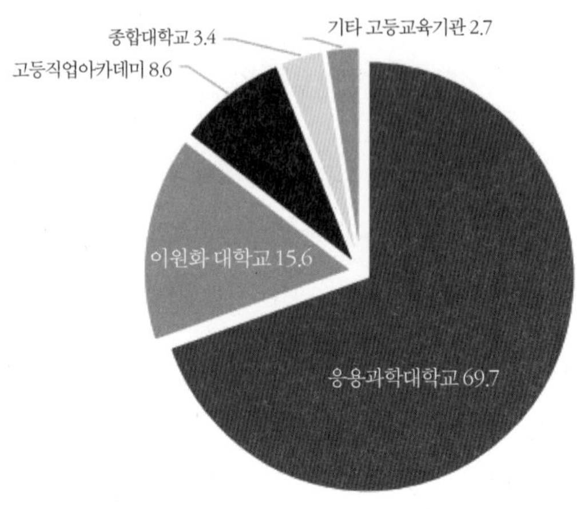

〈그림 33〉 최초 직업교육 중 이원화 교육과정 제공 고등교육기관(2022) (출처 : AusbildungPlus 2022)

이원화 교육과정을 제공하는 기관은 〈그림 33〉에서 볼 수 있듯이 응용과학대학Fachhochschule이 70% 정도로 압도적이다. 직업아카데미에서 승격한 이원화 직업대학이 15.6%, 직업아카데미가 8.6%, 그리고 2.6%의 종합대학도 이원화 교육과정을 제공하고 있다. 향후 종합대학과 이원화 대학이 향후 보다 큰 비중을 차지할 것으로 전망된다.

또한 최초 직업교육 중 대학 이원화 교육과정을 제공하는 고등교육기관별 학생수는 다음 〈표 10〉과 같다. 응용과학대학이 67,211명으로 제일 많고, 이어서 이원화 직업교육대학이 36,229명, 그리고 직업아카데미 11,753명 순이다.

한편, 직업교육통계자료집 *Ausbildung Plus*2023에 따르면, 확산일로인 대학 이원화 교육에 대한 독일 연방의회 정부의 관심 또한 강화되었다. 특히 2019년 10월 독일 연방의회Deutscher Bundestag는 직업훈련법BBiG 개정안을 통과시키고 연방 정부에 대학 이원화 교육

〈표 10〉 최초 직업교육에서 이원화 교육과정 제공 교육기관별 학생수(2022)

	응용과학 대학교	이원화 대학	고등직업 아카데미	종합 대학교	기타 고등 교육기관	전체
국공립	43,083	34,939	5,517	1,248	2,951	87,738
사립	24,128	1,290	6,236	30	1,095	32,779
전체	67,211	36,229	11,759	1,278	4,046	120,517

출처 : AusbildungPlus 2022

프로그램에 대한 학술연구를 촉구했다. 나아가 대학 이원화 교육에 대한 독일 연방 전체에서의 통합적인 법적 요건 마련과 더불어 연방 정부 차원에서의 적극적인 지원을 시작하였다.

대학 이원화 교육 진흥에 관한 독일 연방의회의 결의안에 따라 연방교육연구부는 학술연구를 수행했으며, 2022년 4월「대학 이원화 교육－실현모델 및 발전을 위한 요구사항, 주요 연구결과」를 발표했다. 연방교육연구부는 이 학술연구결과에서 대학 이원화 교육프로그램의 법적 기본요건, 인증, 이론과 실습의 연계, 교육과정 제공 구조의 확장, 학생의 계약 보장 및 소득 상황, 학생의 사회적 상황 및 학업에 대한 의구심, 정보 및 홍보 등에 관해 통계자료와 함께 자세히 소개하고 있으며, 대학 이원화 교육프로그램의 미래 발전가능성에 대한 매우 긍정적인 평가와 더불어 다음과 같이 정책지원의사를 밝히고 있다.

학문과 직업교육훈련의 융합, 숙련노동력 확보, 유연한 (교육) 경로—독일에서 대학 이원화 교육이 유행처럼 확산되고 있다. 이 교육프로그램은 고등교육과 실무 기반 학습을 결합해 이원화 직업교육훈련을 이수할 수 있도록 한다. 나아가 기업의 요구에 부응하고, 실용적인 업무 기반 학습에 관심이 있는 사람들에게 매력적이다. 현재 독일에서는 대학 이원화 교육프로그램이 호황을 누리고 있고, 2012년 이래 10년 동안 엄청나게 발전했다. 프로그램의 수는 두 배로 늘어났고, 제공되는 교육과정의 범위가 크게 확대되었으며, 이원화 교육프로그램의 질과 학습 프로그램의 질은 지속적으로 향상되고 있다. (…중략…) 현재 대학 이원화 교육의 학술적인 질 담보에 대한 논의에도 불구하고 향후 체계적으로 대학 이원화 교육의 발전을 지원할 것이다.

① 독일의 대학 이원화 직업교육기관 사례 함부르크 직업교육대학교

최근에 고등직업교육을 목표로 설립된 공립대학인 함부르크 직업교육대학교Berufshochschule Hamburg, BHH는 대학에서의 이론교육과 직업학교와 업체에서의 직업교육훈련이 연계된 새로운 모델의 '이원화 교육과정'을 제공하는 고등직업대학교이다. 이 고등직업교육대학은 독일 최초의 이원화 고등직업교육대학인 '바덴-뷔르템베르크 이원화 대학DHBW'과 독일 전역에 10개의 캠퍼스를 두고 소수다전공 교육과정을 개설해 지역 특성화의 모델이 된 미텔슈탄트대학FHM과 더불어 독일의 이원화 고등직업교육기관의 대표적 사례이다.

공립고등직업교육기관인 함부르크 직업교육대학은 기존 직업

〈그림 34〉 함부르크 직업교육대학교(BHH)

아카데미 등 직업교육기관에서 이원화 대학으로 전환한 경우가 아니라 시작부터 직업교육과 대학교육의 연계를 목표로 2020년에 설립되었다. 이 응용과학대학은 직업교육훈련과 학사학위가 4년 안에 완료되는 과정통합교육을 제공하고 있으며, 공립의 성격상 교육생들은 학비를 지불하지 않는다.

2021년 9월에 첫 입학생을 맞이한 이 고등직업교육대학은 초기에는 〈표 11〉에서 볼 수 있듯이 경영학과 상업계 직업교육훈련, 그리고 컴퓨터공학과 IT기술 분야의 직업교육훈련이 연계된 2개의 교육과정을 제공했다. 그리고 현재는 경제경영 분야에 4개의 교육과정과 1개의 컴퓨터공학과정으로 총 5개의 교육과정을 제공하고 있다. 서로 상이한 직업교육훈련이 연계된 4개의 경영학 전공과정Studium BWL에서는 먼저 산업사무원 직업교육훈련을 연계

〈표 11〉 설립 초기 2개 교육과정(2021.9)

직업훈련교육	영업사원, 은행원 등	IT 기술자	수공업 / 공장기술 이원화 직원훈련교육
대학교육과정	산업경영, 재정경제 / 마케팅경영 등	컴퓨터공학	경영학-중소기업경영

한 '산업경영학사' 과정, 은행원 양성 직업교육훈련을 연계한 '은행재무학사' 과정, 수공업 혹은 상업 분야의 직업교육훈련과 연계한 '중소기업경영학사' 과정, 마케팅 / 홍보 분야의 직업교육훈련과 연계한 '마케팅홍보학사' 과정이 있으며, 1개의 컴퓨터기술 직업교육훈련과 연계한 '컴퓨터공학사' 과정이 제공된다.

함부르크 직업교육대학의 장점으로 제시되고 있는 직업교육훈련과 학위취득 설계 및 연차별 구조는 〈그림 35〉에서 볼 수 있듯이 함부르크 직업교육대학에 입학 후 1년 반 동안 기본과정으로 대학교육통합형 직업교육훈련Studiumintegrierende Ausbildung을 받게 된다. 이 시기에 학생들은 직업교육훈련을 일반 직업학교에서 받게 되며, 직업교육훈련과정에 필수적인 기본 과정의 직업교육을 다 마치면 중간시험을 치른 후 다음 단계로의 진로를 선택하게 된다. 학생들은 이후 1년 반 동안으로 설계된 이원화 직업교육훈련 혹은 동일한 기간동안 대학교육통합형 고등직업교육훈련 중 한 과정을 선택하게 된다. 이원화 직업교육훈련을 선택한 경우 1년 반의 과정을 마친 후 바로 취업을 하게 되며, 두 번째의 경우 대학의 이론교육과 더불어 고등직업교육훈련을 받게 된다. 두 번째 대학

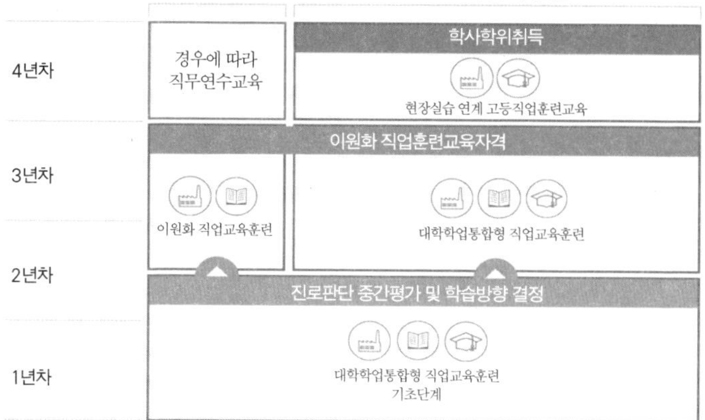

〈그림 35〉 직업훈련교육 및 학위취득 설계 및 구조

교육통합형 고등교육과정을 1년 반을 추가해 총 3년의 대학 이원화교육을 마친 학생들은 고등직업교육 졸업자격을 취득하게 된다. 이후 대학 이원화교육을 마친 학생들은 추가로 1년 동안 진행되는 고등직업교육훈련과 주로 실습이 연계된 이론교육을 학습하게 되고, 나아가 대학 이원화 직업교육졸업장과 동시에 학사학위를 취득하게 된다.

함부르크 직업교육대학이 이와 같은 단계별 대학교육통합형 직업교육훈련과정을 제공하는 이유는 무엇보다도 대학 이원화 교육제도를 시행하고 있는 고등직업교육기관에서 대학입학 후 중도탈락율 방지하고자 하는 것이다. 학생들로 하여금 대학에서 진로탐색한 후 스스로 특정한 기간 동안의 직업교육훈련을 이수한 후 취업을 선택하거나 혹은 학생 스스로의 의지와 노력에 따라 대학

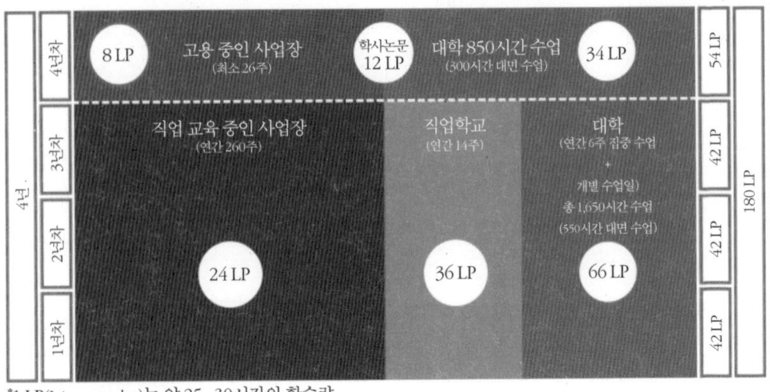

*1 LP(Lsittungspunkte)는 약 25~30시간의 학습량

〈그림 36〉 4년간 취득 학점(Leistungspunkte) 구조

교육통합형 직업교육훈련으로 대학 이원화 직업교육 졸업장과 학위를 동시에 취득할 기회를 제공하기 위함이다. 즉, 학생들의 역량과 의지에 따라 탄력적으로 대학 이원화 교육을 수용할 수 있도록 교육수요자 중심의 교육과정을 제공하는 것이다.

함부르크 직업교육대학의 대학교육통합형 직업교육훈련의 시행에는 대학과 기업, 그리고 교육생들의 삼자관계에 형성되는 계약이 매우 중요하다. 위 3개 주체의 상호관계는 교육생들의 학업과 직업교육훈련의 안정성에 결정적인 조건이기 때문이다. 먼저 대학과 기업체는 상호협력계약을 통해 기업체가 필요로 하는 교육생의 역량을 키우기 위해 상호 교육내용과 이론수업과 현장실습이 연계된 교육구조설계에 관한 구체적인 협의를 한다. 물론 대학 이원화 교육제도의 특성상 대부분 대학이 주도해 산업과 경제계의 의견을 충분히 반영하는 형태이다. 둘째로 교육생과 기업체

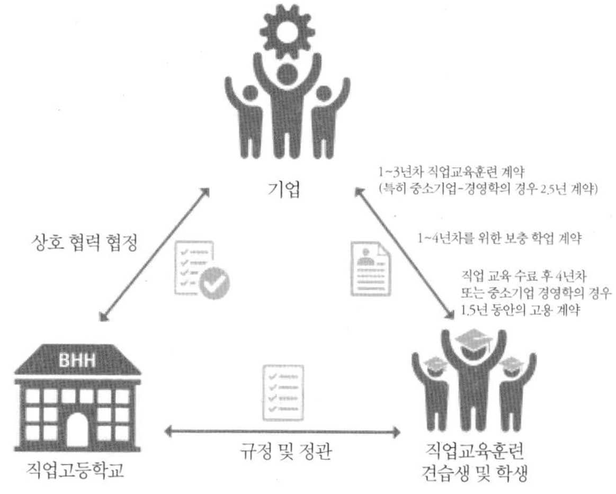

〈그림 37〉 대학 이원화 교육 이수 학생의 계약관계

는 3개의 계약을 체결한다. 먼저 상호 1~3년 동안의 직업교육훈련에 관한 계약을 맺는다. 이 경우 경영학 전공 분야는 중소기업들과 2년 반을 기간으로 하는 계약을 맺는다. 이후 〈그림 37〉에서 볼 수 있듯이, 3년의 교육과정 후 고등직업교육 졸업자격과 학사학위 취득을 목표로 하고 있는 교육생의 경우 1~4년까지의 후속계약을 체결한다. 마지막으로 3년 동안의 직업교육훈련을 마친 후 교육생들과 기업체는 4학년 한 해를 위한 고용계약을 체결하게 된다. 특히 교육과정 특성상 경영학 전공 분야의 교육생들과 기업체 사이에는 상호 18개월을 기한으로 하는 고용계약관계가 형성된다.

② 독일의 대학 삼원화 직업교육기관 사례 미텔슈탄트대학교FHM

독일의 대학 이원화 교육제도는 대학의 학문교육과 직업교육을 연계해 과학기술의 발전과 산업의 변화에 적합한 전문적인 고등직업인력의 양성을 목표로 하고 있다. 대략 2000년대 초반부터 시작된 이 제도는 현재 독일의 전체 고등교육에서 확고한 위상을 차지하고 있다. 그중 독일 내 10개의 캠퍼스에서 지역의 산업과 경제에 특성화된 교육과정을 제공하고 있으며, 2022년 이래 연속해서 3년간 독일에서 경영 및 비즈니스 분야 최우수 대학으로 선정된 독일 '미텔슈탄트대학교Fachhochschule des Mittelstands, FHM'는 대표적인 이원화 대학교이다.

DHBW가 독일 최초의 이원화 대학이라면, 독일 10대 사립대학교 중 하나인 미텔슈탄트대학은 2000년에 소위 중소기업의 수도라고 일컬어지는 빌레펠트에 설립된 국가인정 사립응용과학대학이다. 이원화 대학교육으로도 독일 최고의 대학 중의 하나인 FHM은 현재 베를린, 밤베르크, 빌레펠트, 프레헨, 하노버, 쾰른, 슈베린, 로스토크 등에 캠퍼스를 두고 있다. 또한 FHM은 인구감소와 지방소멸에 대응하는 지역정주 인재양성 및 지역 특성화의 전형적인 모델로 한국에도 잘 알려져 있다. 특히 FHM이 시행하고 있는 '소수다전공' 특성화교육, 외국인 입학자 대상의 특별교육프로그램PSM을 포함한 고등직업교육의 국제화를 통해 세계적인 모델대학으로 주목받고 있다. 나아가 FHM은 기존 이원화 교육과정 외 수공업 분야의 전문관리자나 리더급 인력을 양성하는 삼원화 교육과정Triales Studium도 제공하고 있다.

〈그림 38〉 독일 미텔슈탄트대학교 대강의실(Bielefeld)

기존 대학 이원화 교육과 더불어 FHM이 제공하는 삼원화 교육과정은 직업교육훈련인 '아우스빌둥'과 장인을 의미하는 '마이스터Meister' 자격, 그리고 수공업경영학Handwerksmanagement이라는 명칭으로 제공되는 '학사학위Bachelor-Abschluss'까지 취득할 수 있는 교육프로그램이다. 〈그림 39〉에서 볼 수 있듯이 주로 수공업 분야의 직업인 양성을 위해 제공되는 이 교육과정은 독일에서 수공예, 건축, 기계 및 전기 분야 등 프리랜서로 일하거나 혹은 독립적인 업체를 설립할 수 있는 소위 마이스터자격Meisterbrief도 취득할 수 있다. 대학 삼원화 교육제도는 대학 이원화 교육제도와 달리 일반 직업교육훈련 분야의 자격을 넘어 중간급 관리자나 혁신리더를 양성하는 과정이다.

〈그림 39〉 대학 삼원화 교육제도의 특징

〈표 12〉 수공업 분야 삼원화 교육제도 세부 구조

<table>
<tr><th>학기</th><th colspan="3">마이스터 시험 및 학사 학위 (B.A.)</th></tr>
<tr><td>10</td><td colspan="2">수공업 사업장 주 4일 직업 실습</td><td rowspan="5">대학교 주 1.5일
(일반적으로 금요일 17~21시 및 토요일 9~17시)</td></tr>
<tr><td>9</td><td colspan="2" rowspan="2">마이스터 학교 주 5일
(7:30~14:00, 모듈 I, II 및 IV-모듈 III은 인정됨)</td></tr>
<tr><td>8</td></tr>
<tr><td>7</td><td colspan="2" rowspan="2">수공업 사업장 주 4일 직업 실습</td></tr>
<tr><td>6</td></tr>
<tr><td colspan="4">숙련공 시험</td></tr>
<tr><td>5</td><td rowspan="3">수공업 사업장 주 3일
실습교육</td><td rowspan="3">직업 전문학교 주 1일
이론교육</td><td rowspan="3">대학교 주 1.5일 (일반적으로 금요일 17~21시 및 토요일 9~17시)</td></tr>
<tr><td>4</td></tr>
<tr><td>3</td></tr>
<tr><td colspan="4">진급 요건
(3학기부터 10학기까지의 시험에 응시하려면 첫 2학기 동안 최소 22학점을 취득해야 함)</td></tr>
<tr><td>2</td><td rowspan="2">수공업 사업장 주 3일
실습교육</td><td rowspan="2">직업 전문학교 주 2일
이론교육</td><td rowspan="2">대학교 주 2회 반일
(일반적으로 금요일 17~21시 및 토요일 9~13시)</td></tr>
<tr><td>1</td></tr>
</table>

대학 삼원화 교육과정은 직업교육훈련에 토대를 두고 직업교육과 대학교육이 연계된 '대학교육통합형 직업교육'으로 개발된 것이다. 예컨대 독일 미텔슈탄트대학에서 시행하고 있는 수공업 경영학 과정이 대표적이다. 삼원화 교육과정은 〈표 12〉에서 볼 수 있듯이 직업교육훈련과 대학 학사학위, 나아가 마이스터 자격까지 통상 7년 이상 걸리는 교육과정을 4년 반 만에 속성으로 마칠 수 있는 장점을 가지고 있다. 그러나 삼원화 교육과정은 짧은 기간에 전 과정을 모두 이수해야 하기에 일반 고등직업교육과정에 비해 훨씬 더 집약된 학습을 요구한다.

한편, 삼원화 교육과정에서는 교육생들이 한 과정을 마치면 다음 과정으로의 진학에 대한 자유로운 선택권을 갖는다는 장점이 있다. 예컨대 일차 전문 직업기술훈련Ausbildung 과정을 마친 후 학생은 다음 단계인 마이스터 과정 및 학사학위 과정으로의 진학에 대한 선택을 할 수가 있다. 즉, 단지 직업기술훈련을 마친 후 취업을 원할 경우, 일반 직업학교의 졸업자격보다 더 높은 수준의 아우스빌둥자격으로 취업을 할 수 있다.

삼원화 교육과정에서는 먼저 직업교육대학과 기업체가 연계된 아우스빌둥을 약 2년 반 만에 이수하게 된다. 이후 교육생은 학사학위를 위해 학업을 지속하게 되며, 주로 학업은 전일제와 시간제로 구분해 수행하게 된다. 대학에서 이루어지는 수업은 주로 주말인 금요일 저녁과 토요일에 시행된다. 주중에 이루어지는 이론수업은 이러닝e-Learning이나 우편학습을 통해서 이루어진다. 학생들은 첫 번째 시험으로 직인시험Gesellenprüfung을 합격한 후, 마이스터 자격시험Meisterprüfung과 학사학위 취득과정에 집중하게 된다.

대학 삼원화 교육제도는 현재 19개의 수공업 분야의 직업에서만 가능하다. 예를 들어 안경사, 제빵사, 건물수리공, 전기기술자, 정밀기계기술자, 미용사, 정보전자기술자, 자동차정비공, 자동차메카트로닉스기술자, 제과공, 선반·밀링기술자, 도로건설기술자, 목수, 치기공 등이다. 기본적으로 직업교육훈련면허를 가진 업체들은 삼원화 교육과정생들을 위한 직업훈련실습자리를 제공하

학업에 대한 모든 세부 사항

삼원화 대학교육

학업 장소

빌레펠트 쾰른 하노버

밤베르크 뮌스터

학업 기간

쾰른 : 약 4년 6개월 (각 직종에 따라 다름)

빌레펠트 : 4년

밤베르크 : 약 5년

하노버 : 약 4년

뮌스터 : 4년 3개월

학업 시작

10월

〈그림 40〉 FHM의 삼원화 교육캠퍼스와 교육기간

고 있다. 주목할 점은 업체는 주말에만 열리지 않는 한 삼원화 교육생들이 대학에서의 수업을 받거나 시험을 치를 경우, 회사의 업무를 면제해야 한다는 점이다. 또한 마이스터 자격을 위해 대학에 다니는 경우에도 업체는 마이스터 학생의 학업 및 기타 자격시험을 치를 경우, 회사의 업무를 부여하지 않아야 한다. 물론 이 시기에 업체는 마이스터 준비생에게 급여를 지불하지 않아도 된다.

수공업 업체에 이 대학 삼원화 직업교육은 금과옥조와 같은 제도라고 할 수 있다. 업체는 이 고등직업교육제도를 통해 젊고 유능하며, 혁신적이고 열정적이며, 바로 투입되어 회사를 위한 맞춤형 솔루션을 제공하는 개발자를 확보할 수 있기 때문이다. 삼원화 직업교육을 받은 학생들은 교육을 시작하면서부터 이미 업체의 탄력적이며 유연한 작업프로세스에 헌신할 기본기와 기업문화를 익힐 수 있다는 장점이 있다. 즉, 업체는 이 제도를 통해 대학과 산업현장의 미스매치 없이 곧바로 투입할 수 있는 것이다.

최근 독일 미텔슈탄트대학의 하노버CHannover와 빌레펠트Bielefeld, 쾰른Köln, 밤베르크Bamberg, 뮌스터Münster 등 5개 캠퍼스에서는 '수공업경영' 분야를 위한 대학 삼원화 교육과정을 개설하였다. 총 4년 반 동안의 교육과정으로 개설된 이 교육과정은 직업교육훈련Ausbildung과 마이스터자격Meisterbrief, 그리고 학사학위Bachelor-Studienabschluss까지 총 3개의 자격을 보유한 수공업경영 분야의 전문가 혹은 관리자를 양성하는 것을 목표로 하고 있다. 〈그림 40〉에서 볼 수 있듯이 FHM의 각 캠퍼스에서 시행하는 삼원화 교육과정의 교육기간은 대략 4~5년으로 상이하다. 개별 캠퍼스에서 운영하는 교육과정이 지역 기업체의 특성화된 조건들을 고려해 탄력적으로 마련되기 때문이다. 나아가 사립학교인 FHM이 제공하는 삼원화 교육제도에서는 개별 교육과정의 특성에 따라 교육비용 또한 상이하게 책정되어 등록금 액수를 산정하고 있다.

독일의 고등직업교육대학들이 대학 삼원화 교육과정의 개설을 점점 더 확대해 나가는 것은 근본적으로 현재 전체적으로 독일 내 노동인력수급구조에 따른 것이다. 지속적으로 증가하고 있는 숙련 인력의 부족 현상, 사회적 변화, 세계화, 기술 변화, 네트워크 구조 변화, 고객들의 의식과 요구의 변화 등이 주요한 요인이다.

FHM이 수공업경영 분야의 삼원화 교육과정을 개설한 것도 마찬가지로 수공업경영이 미래 독일 경제에 결정적인 영향을 줄 것이라는 판단에서 기인한다. 이미 독일에서도 새로운 변화를 조기에 인지하고, 세계화된 시장의 환경에 적응하는 것은 중소기업의 생존에 결정적인 요소로 인식된 지 오래다. 나아가 수공업 분야에서 역량을 보유한 청년인재를 확보하는 것은 국가의 거시경제적 측면에서도 결정적인 요소이다. 또한 기업은 탁월한 기술을 보유한 혁신적인 관리자를 필요로 하며, 이러한 기업의 수요에 대응한 맞춤형 솔류션을 개발해 적극적으로 시장의 변화에 대응하며, 지속적으로 신제품 개발 아이디어를 창출할 수 있는 유능한 혁신관리자를 양성할 필요가 있다는 것이다. 게다가 신뢰를 토대로 고객을 관리함으로써 결과지향적인 회사 운영과 목표지향적인 리더십을 갖춘 중간급 전문관리자 양성이 시급하기 때문이다.

FHM의 수공업경영 분야 삼원화 교육과정은 수공업 분야의 업체와의 긴밀한 협력을 통해 개발되었다. FHM이 이 교육과정을 개설한 세부 목표는 "탄탄한 기술적 기본기에 응용력을 갖춘 역량을 강화"하는 것이다. 이원화 직업교육훈련의 장점과 학술적인 능력을 더하는 학위과정을 결합함으로써 중소기업의 관리자로서 미래지향적인 안목과 통찰력을 가질 수 있도록 교육하는 것이다.

유럽에서 가장 광범위한 영향력을 가진 경제산업의 토대인 수공업 분야는 현재 글로벌 시장에서의 경쟁과 변화에 혁신적으로 대처해야 하는 도전에 직면해 있다. 따라서 국제적인 시각으로 새로운 기회를 모색하기 위해서 '서비스 지향적 기업구조로 전환'해야 하는 시기에 FHM이 수공업경영 분야의 삼원화 교육제도를 통해 시대의 변화에 적합한 전문인력을 양성하는 것은 매우 혁신적인 고등직업교육적 시도이다.

FHM의 수공업경영 삼원화 교육과정은 시작부터 직업교육훈련과 학위과정을 동시에 진행한다. 초기 직업교육훈련은 교육생이 원하는 업체에서 2년 반 정도 진행되며, 직업학교와 업체에서의 현장교육은 가장 중요한 요소이다. 그리고 이러한 초기 교육과정은 직인자격시험에 합격하는 것으로 종료된다. 이후 교육생은 숙련공으로서 직업교육대학에서의 '학업과 장인자격'에 전념할 수 있도록 교과과정이 구성되어 있다.

장인자격과 연계된 학위취득 과정은 파트타임과 풀타임 단계로 구분되며, 소규모 학습그룹에서 거의 교수의 개별지도의 형태로 진행됩니다. 대면수업단계[매주 금/토]의 학습 유닛은 분야의 경력교강사가 가상강의실의 e-러닝 유닛에서 진로지도지침서[Studienbrief]에 따라 지도한다. 물론 이 시기에 교육생들의 고난이도의 자율학습은 필수적인 전제조건이다. 마이스터 과정을 마친 교육생들은 쾰른에 소재한 상공회의소에서 마이스터 자격시험을 치르며, 이 시험에 합격한 교육생들은 마지막으로 주로 현장 응용 중심의 학사 논문을 제출함으로써 학사학위Bachelor of Arts, B.A.를 취득하게 된다.

FHM의 수공업경영 분야의 삼원화 교육과정의 학습 내용은 주로 혁신과 기술 변화에 대한 도전, 시장의 세계화, 인구통계학적 변화, 사회적 변화와 고객의 요구에 대한 대응능력을 키우는 것을 중심으로 구성되어 있다. FHM이 제공하고 있는 수공업경영 분야의 수업 모듈은 주로 4가지 모듈로 구성되어 있다.

첫째로 일반 비즈니스 역량 모듈에서 학생들은 '미시 / 거시 경제학', '혁신경영', '사업 조직 및 계획', '통제 및 재무 관리', '마케팅과 판매', '인사 계획 및 채용', '사업 계획 개발 및 디지털 비즈니스 모델', '회계', '회계 시스템 및 비즈니스 평가', '고객 관계 관리', '법적 계약', '인사 관리 및 개발'까지 총 11개의 교과목을 이수한다.

〈표 13〉 FHM의 5개 캠퍼스 제공 삼원화 교육과정 등록금(2024.11 기준)

밤베르크	월 199€ (최종 시험, 공인 비즈니스 관리자(HWO) 과정 수수료 및 마이스터 준비 I & II 비용 별도)	총 11,940€ (60개월)
빌레펠트	월 419€ (각 직종에 따라: 마이스터 준비 I & II 비용 별도)	총 20,112€ (48개월)
하노버	월 398€ (최종 시험 & 마이스터 준비 I & II 비용 별도)	총 11,104€ (48개월)
쾰른	월 398€ (각 직종에 따라: 마이스터 준비 I & II 비용 별도)	총 21,492€ (54개월)
뮌스터	월 419€ (각 직종에 따라: 마이스터 준비 I & II 비용 별도)	총 21,369€ (51개월)

둘째로 개인 및 사회 역량 모듈에서 학생들은 '비즈니스 영어', '팀 관리', '프레젠테이션', '조정 및 협상', '일반 학문 이해'까지 총 4개의 교과목을 이수한다.

〈그림 41〉 미텔슈탄트대학 폴만(Christoph Pollmann) 한국 담당 교수 한국 TV 인터뷰(2021.10.5)

셋째로 수공업경영 역량 모듈에서 학생들은 '규범적 수공업경영', '전략적 수공업경영', '운영적 경영관리', '규제 경영관리', '수공업경영역량 평가과정'까지 5개 교과목을 이수한다.

넷째로 활동 및 행동 역량 모듈에서 학생들은 '현장실습SiP', '학술논문작성 실습', '회사 설립 실습', '비즈니스 프로젝트', '비즈니스 시뮬레이션'까지 총 5개 교과목을 이수한다.

현재까지 독일의 대학 이원화교육 혹은 삼원화교육은 학생들의 선호도 증가, 대학과 기업의 협력체계를 통한 이론과 실무 연계교육 등으로 성공적인 고등직업교육제체로 자리잡고 있다. 이원화 대학교육의 가장 큰 의미는 대학교육이 직업교육과의 통합에 있는 만큼 이원화 대학교육에서 기업은 가장 중요한 역할을 맡고 있다. 대학과 기업의 긴밀한 연계로 독일대학 이원화 제도가 보여주고 있는 중요한 성과는 첫째, 기업은 이 이원화 제도를 인적자원관리의 도구로 활용하고 있다는 것이다. 둘째, 높은 졸업률이다. 이원화 대학교육과정에서는 25%에 달하는 중등단계의 중도탈락율에 비해 단지 교육생의 6.9%2012년 만이 중도에 탈락한다. 셋째, 높은 취업률로 고등교육단계의 이원화제도를 졸업하면 졸업생의 80% 이상이 직업교육을 받은 기업에 바로 취업을 할 수 있다는 점이다. 심지어 독일의 대표적인 이원화 대학인 미텔슈탄트대학의 경우 2022년 97.6%의 높은 취업률을 기록했다. 넷째, 높은 승진가능성과 고액의 급여를 보장받고 있다는 것이다. 다섯째, 이원화 대학교육은 학생들의 교육기간이 평균 3~5년으로 일반 대학교육에 참여하는 학생들에 비해 짧고, 졸업과 동시에 두 개의 자격인 학사학위와 공인 이원화 직업자격을 취득함으로써 기업의 선호도가 높다. 마지막으로 이원화 대학교육은 직업역량만을 보유하고 있는 직업 경력자들에게 대학의 문을 개방함으로써 경력자들의 역량강화를 지원하고 있다는 점 등이다.

이러한 이유로 대학 이원화교육이 전면적으로 시행되었던 2004년에 40,982명이었던 학생들은 현재 10만여 명 이상이 되었고, 학생들이 다양한 교육과정에서 수학하고 있을 만큼 대학의 학업과 기업에서의 직업훈련교육의 연계를 통해 실시되고 있는 독일의 '대학 이원화 교육제도'에 대한 선호도도 매우 높다. 그럼에도 2005년 독일 연방교육문화장관협의회의 통계보고서는 2025년에 이르

려 학생들의 수요증가율에 비해 기업체 제공의 실습자리가 부족해 오히려 이원직업교육훈련생의 수가 현격히 줄어들 것을 예견했다. 그리고 이미 2013년에 이원화 교육과정에 수학하려는 학생수의 폭증으로 대학 이원화 교육을 위한 필수적인 33,000개의 실습자리가 부족한 현상을 맞이하기도 했다. 이처럼 대학 이원화 고등직업교육에 대한 선호도 폭증은 갈수록 첨단산업 중심으로 재편되고 있는 독일의 산업적 요구에 고급전문인력의 충원필요성이 강하게 제기된 것에서 기인한다. 즉, 직업교육의 고학력 선호 및 실무중심의 고등직업인력수요의 증가가 가장 중요한 원인이었다는 것이다. 이러한 상황을 종합적으로 고려할 때, 향후 대학 이원화교육은 더욱 확대될 것이다.

〈그림 42〉 FHM, 경제분야의 독일 최고 대학으로 선정 (2023)

현재 독일의 직업교육정책은 중등단계의 직업교육훈련과정과 고등직업교육과정을 중심으로 다양한 세부 지원정책, 나아가 직업교육 정책을 개선하고 강화하는 다양한 전략을 추진 중에 있다. 독일의 직업교육 정책은 무엇보다도 노동력 부족 문제를 해결하고, 숙련된 인력의 지속적인 공급을 보장하는 데 중점을 두고 있다. 특히 저출생에 대응하는 독일의 직업교육정책의 핵심은 현재의 저출생 인구구조 상황에 대응한 지혜로운 '적응', 그리고 인공지능사회가 동반하는 기술과 사회변화에 대응한 전문직업인력 양성 및 확보라는 '변화'에 초점을 맞추고 있다.

이러한 독일의 대학 이원화 고등직업교육제도는 독일보다 더욱 심각한 저출생문제와 인구감소에 직면한 한국의 고등직업교육정책에는 매우 중요한 사례이다. 나아가 평생교육과 잘 연계된 독일의 중등 및 고등단계의 이원화 직업교육제도와 교육과정의 운영시스템도 벤치마킹할 필요가 있다. 특히 독일의 고등교육단계의 직업교육체제는 지역의 산업에 특화된 인력양성을 목표로 하는 교육중심대학교, 그리고 평생고등직업교육기관으로의 전환을 서두르고 있는 전문대학교에는 평생교육시대에 새로운 유형의 고등직업교육정책과 세부 전략수립에 매우 중요한 시사점을 제공한다.

2. 독일의 평생교육과 계속교육

1) 독일의 평생교육과 계속교육의 역사

1965년 교육학자 폴 랑그랑Paul Lengrand(1910~2003)은 프랑스 파리에서 개최된 유엔교육과학문화기구UNESCO의 자문기관인 성인교육발전국제위원회International Committee for the Advancement of Adult Education에서 '평생교육Lifelong Education(fr. l'éducation permanente)'이라는 용어를 처음으로 사용하였다. 랑그랑은 "사회는 학교교육과 비학교교육을 통합하고 조정하는데 필요한 교육방법을 모색함으로써 교육시스템 전체의 변화를 유도할 수 있는 성인교육을 시행해야 한다"라고 주창함으로써 새로운 교육적 패러다임을 제시하였다. 프랑스 대학교수이자 성인교육분야의 이론가이자 실천가인 랑그랑이 제시한 평생교육의 개념은 교육의 계속성, 연계성, 전생애성, 자발성, 전체적인 인간발달 지향, 사회 구성원 모두를 위한 교육권 보장을 골자로 하고 있다.

평생교육이란 '한 개인이 태어나서 죽기 전까지의 전 기간에 걸쳐 가정과 학교를 포함한 모든 생활공간에서의 형식적·비형식적·무형식적 교육활동'을 의미한다. 이러한 교육활동은 기존의 정형화된 학교교육의 개념에서 탈피해 '주체적 학습'을 의미한다는 점에서 세계적으로 주목받고 있다. 실제로 영국, 미국, 독일, 덴마크, 일본 등 주요 선진국에서는 평생교육을 정책적으로 추진하고 있으며, UNESCO와 OECD와 같은 국제기구에서도 이를 적극적으로 지원하고 있다.

사실 평생교육은 근대 산업주의와 20세기 초반부에 있었던 두 차례의 세계대전 이후 도래한 사회적 변화에 응대하는 하나의 시대적인 요청이었다. 랑그랑은 이러한 요청에 따라 "평생교육은 개인의 출생부터 죽을 때까지의 전 생애에 걸친 교육수직적 차원과 개인 및 사회 전체의 교육수평적 차원의 통합"임을 천명함으로써 교육의 통합성과 종합적 교육체계를 강조했던 것이다. 또한 이러한 교육체계는 개인의 잠재능력을 최대한으로 신장함과 동시에 생산을 포함한 사회발전에 참여할 능력을 개발하는 것을 목적으로 하고 있다. 이러한 맥락에서 보면 평생교육의 진정한 의미는 한 개인이 지속적인 학습참여를 통해 지혜를 얻음으로써 변화하는 사회에서 창조적으로 행동할 수 있는 지식과 능력을 익히며, 이를 통해 공동의 복지와 인간성의 조화로운 발달을 목표로 하는 전 과정을 말한다.

독일의 공교육 영역에서는 오랜 동안 일반 성인들을 대상으로 한 평생교육이 간과되었다. 독일어로 평생교육Lebenslange Bildung을 성인교육Erwachsenenbildung과 계속교육 혹은 자기계발연수Fortbildung이라고도 하며, 포괄적인 의미로 평생교육은 성인교육과 동일한 의미로 사용한다.

그럼에도 일반 성인들을 대상으로 한 독일 평생교육의 근원은 18세기 계몽주의에서 찾아볼 수 있다. 근대 산업사회의 시작이기도 한 이 시기에 교육과 계몽을 위한 주간지의 발행을 포함한 다양한 문헌들이 출판된 것은 성인교육의 시작을 알리는 것이었다. 그 외에도 이 시기에는 경작학교, 야간학교, 일요학교, 농민회, 독서회, 공개강연회 등 다양한 조직과 단체들이 주도한 성인교육 활동이 이루어졌다.

일반적으로 독일의 대학들은 엘리트적 사고방식을 갖고 있었기 때문에 오랫동안 지역사회나 주민들에 대해 무관심했다. 대학들이 지역사회에 신경 쓰기 시작한 것은 유럽에서 1815년 이후 성립된 일명 비엔나 체제Wiener System, 1815~1848 이후부터라고 할 수 있다. 역사상 보수반동체제로 불리는 이 체제에 부정적이던 교수들의 지원을 받은 대학생들은 자유주의와 민족주의를 기치로 독일의 현실에 대해 관심을 보이면서 거시적인 관점에서 지역사회에 대한 문제의식을 제기하였다. 그러다가 1871년 독일제국의 탄생 이후 주로 대학생들이 주축이 된 대학의 구성원들이 방학 기간 등 여유시간을 활용해 지역 주민들을 위한 문맹퇴치 교육을 시작함으로써 지역사회에 관한 관심을 활동과 실천으로 구체화하였다. 이외에도 대학구성원들은 지역민들의 정치적, 경제적 식견을 향상시키기 위한 계몽적 노력을 기울였다. 그러나 제1차 세계대전의 패배로 인한 독일 제국의 붕괴와 전후 바이마르공화국 시대의 경제적 어려움, 이어진 세계대공황과 나치 독재, 나아가 제2차 세계대전의 발발 등으로 인해 대학구성원들의 이러한 계몽 활동은 지속되지 못했다.

하지만 제도적인 의미에서 독일의 평생교육은 1919년에 제정된 '바이마르 제국헌법Weimarer Reichsverfassung'에 규정된 성인교육으로부터 시작되었다. 오늘날까지 지속되고 있는 시민대학은 19세기 중후반 노동자 교육연맹에서 기원한 공공강좌단체와 19세기 말에 일어난 대학 확산운동의 영향으로 설립되었고, 교육제도로써 시민교육을 후원한다는 바이마르 제국헌법 18조를 통해 법적인 정당성을 확보하였다. 성인교육은 한때 나치독재의 치하에서 정치적인 이유로 잠시 중단되기도 했었다. 하지만 제2차 세계대전이 종결된 이후 독일을 분할점령한 연합국—특히 미국과 영국—의 적극적인 지원을 통해 기존 시민대학의 조직을 기반으로 한 성인교육이 크게 확대되었다.

그 결과 1947년 12월, 브란덴부르크 지방의회Landtag in Brandenburg에서 '평생교육의 국가화와 공교육화'를 목표로 독일 최초의 '시민대학법Volkshochschulgesetz'이 의결되었다. 이 법은 또한 독일의 민주사회에 이성적인 참여자로서의 성인을 교육하고 학력에 무관하게 직업교육과 전문교육, 그리고 예술교육을 계속 받을 수 있도록 규정하였다.

제2차 세계대전 이후 1950년대에 들어서 경제적으로 성장한 서독 정부는 사회복지 분야의 투자를 확대했으며, 특히 전쟁이나 경제적 어려움으로 인해 제도권 학교 교육을 제대로 받지 못한 성인들을 위해 교육기회를 보다 확대하는 정책을 추진했다. 즉, 독일연방 정부 차원에서 평생교육의 필요성을 인지하고, 이를 정책적으로 지원하기 시작했던 것이다. 연방 정부의 평생교육지원정책에 따라 대학에는 야간특별과정이 신설되는 등 대학의 개방경향이 있었지만 아직은 제한적이었다. 대학은 야간특별과정 입학생들의 참여가 일반 대학생들의 강의와 세미나의 질을 저하시키거나, 또는 강의 분위기를 악화하는 등 부정적 영향을 가져온다고 보았기 때문이다. 그때까지 대학은 지역사회에 대한 대학의 배려보다는 학문적 위상이 더욱 중요시 했다.

1950~1960년대에 들어서면서 독일교육계에 평생교육의 의미와 정당성에 대한 논쟁이 촉발되기도 했으며, 그 결과 "독일 평생교육의 상황과 과제"라는 전문의견서가 도출되기도 하였다. 이 의견서에서는 독일의 평생교육이 "교육을 통한 자아실현이라는 인문적 전통과 현대 직업사회의 요구와의 연관성" 아래 이루어져야 한다는 점과 "피교육 대상은 머리지능가 아니라 인간"이라는 점이 강조되었다. 또한 독일의 평생교육에 인문적 전통을 도입한 이 의견서는 그 이전까지는 개인의 문제였던 평생교육을 국가 주도의

장기적인 프로젝트로 전환하는 데에 커다란 기여를 하였다. 또한 이 의견서는 독일 평생교육의 전환점이 되었으며, 이후 독일의 각 연방주의 성인교육법률안과 계획들은 거의 대부분 이 의견서를 토대로 작성되었다. 이때부터 평생교육은 보수적인 독일 공교육의 범위 안에 광범위하게 수용되었으며, 반드시 직업과 삶에 현실적인 도움이 되어야 한다는 인식이 생겨났다.

1970년대에 들어와 독일 정부의 독일교육심의회Bildungskommission des Deutschen Bildungsrates는 이 의견서를 기조로 구체적인 교육구조개혁안Strukturplan für das Bildungswesen을 제시하였다. 이 개혁안은 평생교육을 초중등 일반교육, 직업교육, 대학교육과 함께 '네 번째 공교육의 중추'로 세우는 것을 주요한 정책의 목표로 설정하였으며, 직업교육과 연계된 계속교육Weiterbildung이라는 용어를 공식적으로 제시하였다. 나아가 평생교육과 사회의 긴밀한 연계를 강조한 이 계획안은 교육휴가제Bildungsurlaub와 학점은행제의 확대, 평생교육의 학교교육에 대한 보상기능 강조 등의 혁신적인 정책을 제안하였다.

1970년대 중반까지 독일의 평생교육은 시민대학을 중심으로 이루어졌으며, 시민대학은 독일의 각 지역에서 성인교육센터의 역할을 수행하였다. 시민대학은 정치, 사회, 국제, 언어교육, 독일의 통합, 직업과 자격, 예술과 문화, 건강과 영양 등 다양한 분야의 강좌를 제공하였다. 강좌는 주야간 주 1회에서 5회까지, 하루 1시간에서 4시간 등 성인 직장인들의 근무를 고려한 다양한 시간대에 제공되었다. 특히 휴가철이나 학생들의 방학 때 참가할 수 있는 단기집중 강좌도 있었다. 또한 자격증 취득을 원하는 수강자들의 요구에 따라 자격증 취득을 위한 특별강좌를 개설하였을 뿐만 아니라, 학교교육 졸업자격시험, 독일어 어학능력시험, 산업·상업 관련 자격증과정시험 등을 주관하기도 했다. 결국 시민대학의 목적은 모든 시민들에게 평생교육의 기회를 제공하는 것에 방점이 놓여 있었으며, 특히 사회적 약자층과 학생들을 위해서는 수강료 할인혜택을 주었다. 동시에 시민대학의 교육수준이 저하되지 않도록 정기적인 자체평가 실시, 교수진 재교육, 시민대학 성과 비교보고 등을 시행하였다.

1980년대에 와서는 사회경제적 요구와 사회의 다원화 및 개별화로 인해 직업교육 분야에서는 비약적인 발전이 있었다. 반면 1960년대 이래 꾸준히 주장되었던 인문교양교육과 정치교육은 다소 약화되기도 하였다. 하지만 1990년 독일이 재통일을 이룬 이후에 동독과 서독의 사회통합과 동독인의 사회적응을 목표로 평생교육은 다시 활성화되었다.

1990년대에 들어와 독일도 신자유주의와 세계화의 물결에서 자유로울 수 없었으며, 평생교육의 공적인 책임을 시장경제원칙에 도입하려는 움직임이 일어났다. 이러한 움직임은 산업사회의 급격한 변화와 고용시장의 안정을 반영한 것이었으며, 이는 독일 연방 정부가 제시한 「미래의 교육정책 – 교육 2000Zukünftige Bildungspolitik : Bildung 2000」을 통해 잘 알 수 있다.

① 대기업은 기업교육 프로그램을 확대하고 외국어를 비롯한 교양교육도 실시해야 한다.

② 직업학교, 전문학교, 김나지움 등 학교기관들은 학생수가 감소하는 경우 평생교육을 제공해야 한다.

③ 기업은 평생교육을 강화해야 하며, 사설어학원, 정보학교, 의료보험사, 취미시장, 여행사 등도 평생교육을 제공하여야 한다.

이러한 독일의 평생교육 정책방안은 평생교육수혜의 영역과 경로를 다양화했으며, 국민들의 직업능력을 향상시켜 독일의 국가 경쟁력을 제고하는 데에 크게 기여했다. 그리고 오늘날까지도 시민대학은 평생교육에 가장 중요한 역할을 수행하고 있다. 특히 독일에서는 2010년 이래 독일교육에서 성인들을 위한 교육이 주목을 받았다. 이 시기는 4차산업혁명이 초래한 기술적 변화가 초래한 사회적 변화에 따른 것이다. 특히 사회적 변화는 직업 환경에도 이전과 다른 형태를 요구했기 때문이다. 그중 직업교육을 포함한 성인교육 분야에서는 새로운 기술 환경을 반영하는 교육이 필요했다.

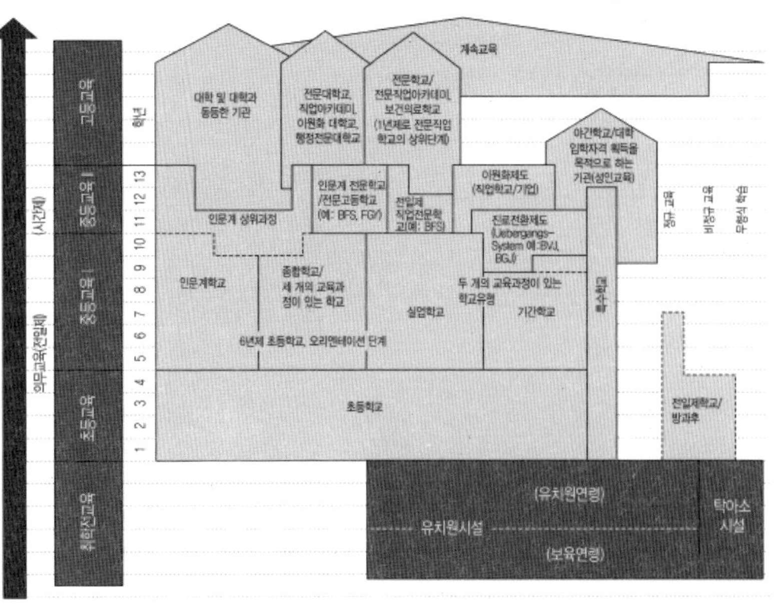

〈그림 43〉 독일의 교육체계도와 직업교육&평생교육
(출처 : KMK & BMBF(2018), Bildung in Deutschland; 이동임(2019) 재사용)

독일에서 평생교육의 위상에 대한 일부 논란에도 불구하고 평생교육의 중요성 자체는 간과되지는 않았다. 그리고 지역사회와 지역주민에 대한 대학의 배려는 확대되어 갔다. 대학은 지역주민들만을 위한 별도의 교양강좌와 세미나를 개설하였으며, 교양강좌와 연계된 별도의 학습동아리를 구성하여 지역주민들의 능동적 참여를 독려했다. 그러나 이러한 대학의 개방도 지역주민들의 학문적 욕구를 충족할 수 없었다. 이를 간파한 정부는 대학이 고등교육을 받지 못한 계층에게 보다 더 많은 교육기회를 제공해야 한다는 확고한 정책을 추진하였다. 결국 정부의 정책에 따라 대학들은 지역주민들 혹은 만학도들이 대학에서 자유롭게 교육받을 수 있도록 대학의 문호를 완전히 개방하게 되었다. 그 결과 1990년대 이후에는 지역주민들도 대학에 입학하여 원하는 강의나 세미나를 수강하고 노력에 따라 학위를 취득하는 것도 가능해졌다.

나아가 점점 더 많은 일반 공교육시설도 개방되고 있다. 예컨대 지역의 학교에서 계속교육과 직업재교육이 이루어지고 있으며, 이 개방학교에서는 김나지움을 졸업하지 못한 일반인이나 하우프트슐레, 실업계 중등학교인 레알슐레 졸업생들을 위해 대학입학자격을 부여하는 과정인 스튜디엔콜렉Studienkolleg과 야간학교도 운영되고 있다. 또한 각 지역의 일반 학교에서는 일반인들을 대상으로 한 다양한 형태의 문화강좌나 음악강좌, 악기교습 등도 열리고 있다.

한편 독일의 이원화 직업교육시스템은 평생교육 체계와 잘 연계되어 있다. 앞장에서 살펴보았듯이 이원직업교육시스템은 현장실습교육과 동시에 학교 이론교육을 진행하는 형태이며, 독일 내 산업인력의 전문화에 중추적인 역할을 담당하고 있다. 바로 이러한 직업교육시스템으로 인해 독일에서는 직업교육의 장소가 크게 확대되었으며, 기존 학교공간뿐만이 아니라 제조공장, 서비스업체, 사무소, 병원, 관공서 등 다양한 직업현장에서의 교육이 잘 이루어지고 있다.

독일이 가진 효율적인 직업교육체제에도 불구하고, 독일에서는 지난 2010년도에 들어서 갈수록 고도화되는 첨단산업과 사회변화로 인해 직업계속교육 또는 직업재교육의 필요성이 더욱 커지고 있다. 기업체들도 직원들 재교육에 많은 투자를 하고 있으며, 대기업들은 독자적인 교육과정을 운영하기도 하였다. 재교육을 통해 교육참여자들은 새로운 일을 배우고 신기술을 습득하며 자격을 획득하기도 한다. 교육과정 중에는 장학금이나 대여금이 참여자들에게 지급되고 수업료와 교재는 연방 주 정부가 지원한다. 또한, 노동부는 재교육 학습자를 취직시켜주는 회사들에게 1년 동안 장려금을 준다. 보통 이러한 교육과정은 실습과 함께 전일제로 2년간 진행되며, 교육결과로 참여자의 대부분이 더 나은 일자리를 얻게 된다.

2) 독일의 평생교육 수행 기관

독일에서는 현재 연방 정부 및 주 정부의 강력한 지원으로 효율적인 평생교육시스템을 구축하고 있다. 독일에서는 평생교육Lebenslange Bildung을 성인교육Erwachsenenbildung과 자기계발연수를 의미하는 계속교육Weiterbildung이라는 명칭으로 사용되기도 하지만 그 의미는 평생교육과 동일하다. 독일에서 평생교육은 초등학교Grundschule, 중고등학교 등 일반 교육시설과 종합대학교Universität, 시민대학[2]기

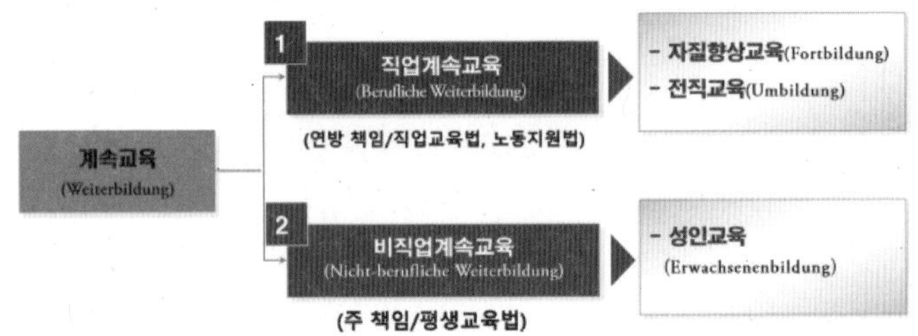

〈그림 44〉 독일의 계속교육 구조

업, 지역 민간단체 등에서 광범위하게 이루어지고 있다.

독일의 평생교육은 시대적 흐름에 따른 사회변화를 반영하려는 경향이 강한 교육영역이기 때문에 항상 유연성과 더불어 다양한 시설과 조직을 필요로 한다. 때문에 평생교육시설은 학교처럼 엄격한 법적 규제를 받지 않는다. 독일 연방교육연구부Bundesministerium für Bildung und Forschung, BMBF의 계속교육보고시스템Berichtssystem Weiterbildung, 시민대학 통계, 상공 / 수공업회의소의 통계, 각 주들의 보고서에 따르면 계속교육Weiterbildung은 약 24,000개의 교육시설에서 32만여 명의 교육참가자, 그리고 6만여 명이 관련 자격시험에 응시했다.

독일 연방교육연구부 「9차 계속교육보고시스템Berichtssystem Weiterbildung IX」에 따르면 산업체Arbeitsgeber / Betriebe가 30%, 시민대학Volkshochschule이 14%, 사설 교육기관Private Bildungseinrichtung이 11%, 상공회

2 Volkshochschule. '국민대학'으로 번역되기도 하나, 본 논문에서는 이 기관의 현대적인 의미를 살려 '시민대학'이라는 용어를 사용한다

의소Handelskammer가 5%, 직업별 협회Berufliche Verbände들과 교회Kirche, 직업아카데미Berufsakademie가 각각 4%, 대학Universität과 응용과학대학Fachhochschule이 2%의 계속교육을 수행하고 있다. 독일의 계속교육 수행기관Weiterbildungsträger이나 업체에 대한 통합적인 통계를 얻기는 쉽지 않으며, 2017년 현재까지 연방교육연구부에서 발간한 2006년도의 자료가 가장 최근의 자료이며, 이 자료에는 1991년부터 2003년까지의 통계자료를 제시하고 있다.

나머지는 정당, 복지재단, 노조, 통신교육시설, 보험사 등 수많은 작은 기타 기관들이 담당하고 있다. 독일 계속교육 기관들은 시민대학처럼 공적 기능을 담당하는 기관들, 교회나 노조 같은 특정 대규모 집단의 이해에 의해 운영되는 기관들, 사설 교육회사, 교육을 직접 실시하는 산업체 등으로 유형화할 수 있다.

한편, 앞서 언급했지만 독일의 의무 교육은 만 18세까지이기에 독일에서는 적어도 최저 학력으로 9년제 학교인 하우프트슐레의 졸업장을 취득해야 한다. 하우프트슐레를 졸업하면 만 15세로서 도장공, 미장공, 건설 현장직, 판매원, 미용사 등 주로 육체노동과 관련되는 직종을 위한 3년간의 직업학교에 진학하여 대략 18세 즈음에 사회로 진출하게 된다. 하지만 하우프트슐레 졸업시험에 합격하지 못하는 경우에는 '직업학교 진학을 위한 준비 학교'에서 만 18세가 될 때까지 학교 교육을 받아야 한다. 10학년에 졸업

〈그림 45〉 함부르크 시민대학(Hamburger Volkshochschule)

하게 되는 레알슐레를 졸업하는 학생은 졸업 시 만 16세가 되며 은행원, 유치원교사, 간호사, 자동차 정비공, 전기·전자 기술직, 보험설계사 등 사무직 및 일정 정도의 이론 지식을 요하는 직업군과 관련되는 3년제 직업학교에 입학하여 만19세에 졸업하여 사회로 나오게 된다. 이후 다양한 성인교육의 기회를 얻게 되며, 성인교육으로 대변되는 독일의 평생교육에서 직무연수와 계속교육은 두 개의 중요한 축이다.

직무연수는 직장 생활 중 직업과 연관된 신기술이나 새로운 지식을 습득하기 위해 회사가 외부 교육기관에 교육을 위탁하거나 혹은 회사가 내부에서 진행하는 교육이다. 독일의 계속교육에 있어서 중요한 것은 노동자들이 직무연수를 위해서 갖는 유급 "교육휴가 청구권"을 가진다는 점이다. 직업양성교육과정 참가자는 노동계약 또는 양성교육 계약을 맺고 최소 6개월 이상 근무하면 교육휴가 청구권을 얻을 수 있다. 법적으로 25세 이하의 노동자는 연간 10일, 25세 이상은 2년 연속기간 중에 10일의 교육휴가를 가지며, 교육휴가 기간 동안 고용주는 임금을 지급해야 한다. 직업양성교육과정 참가자의 교육휴가 청구는 정치 교육 강좌 수강만을 위해서만 가능하지만, 일반 노동자들은 정치 교육 외에도 직업 재교육에도 참가할 수 있다. 또한, 고용주의 동의하에 교육휴가기간의 교육은 계속교육에 포함될 수 있다. 즉, 10일을 초과하여 교육휴가를 가질 수도 있는 것이다. 또한 계속교육은 직장 생활 중이거나 혹은 특정 직장에서 퇴직한 후 더 높은 학력이나 자격증을 취득하기 위해 교육을 받는 경우이다. 예컨대 3년제 직업학교를 졸업한 후 몇 년간 직장생활 중 마이스터 자격증을 취득하기 위해 마이스터 과정을 이수하는 경우이다.

3) 독일의 평생교육체계와 계속교육

계속교육에서 비직업교육은 일반적으로 일반 교양교육과 정치교육으로 구분된다. 비직업교육은 다양한 기관에서 이루어지지만 주로 시민대학에서 이루어진다. 독일에서 시민대학은 가장 일반적인 교육기관이자 지역평생교육의 중심으로, 2022년 기준 대략 1,000여 개의 시민대학과 3,000여 개의 지부가 운영되고 있는 것으로 알려지고 있다. 시민대학은 지자체나 등록단체에 의해 운영되며, 전체 재정의 약 40%를 주 정부와 지자체가, 약 20%를 연방 정부와 유럽연합EU이 지원한다. 따라서 시민들은 시민대학에서 일반 교

인간, 사회, 정치	정치와 사회, 경제와 금융, 도시계획, 자연과학, 철학, 세계의 종교, 심리학과 생활예술, 학습과 기억, 연구 일반, 시니어 시민대학
문화, 예술, 창의성	시각 갤러리, 문학과 영화, 어휘와 텍스트 – 작문, 연극, 음악, 춤, 예술사와 문화사, 박물관 안의 뮌헨시민대학, 여행 속 뮌헨시민대학–학습여행 프로그램, 회화, 조형, 공예, 유행과 의상디자인, 사진과 비디오
건강과 환경	건강정보, 건강활동, 시니어를 위한 건강활동, 요리문화와 와인, 환경과 생태학
외국어	영어, 프랑스어, 이태리어, 스페인어, 포르투갈어, 기타 외국어(한국어 포함)
직업교육과 컴퓨터 활용	기업체 계속교육, 경영능력과 영업능력, 화법, 의사소통, 리더십, 문서작성 기술, 컴퓨터 활용, 인터넷과 멀티미디어, 성인교육의 교수법과 방법론
기초교육과 중등교과이수	철자교육과 기초교육, 중등교과이수, 청소년사회봉사와 과도기관리(학교수업 병행과정), 청소년을 위한 시민대학
독일어, 이민과 통합	외국어로써 독일어, 두 번째 모국어로써 독일어, 통합프로그램
가로지르기 프로그램	도시의 동서남북, 장애인을 위한 교육

〈그림 46〉 뮌헨시민대학의 강좌 분류 (출처 : 강현선, 독일 평생교육)

〈그림 47〉 함부르크 계속교육 서비스 센터
(Hamburg Service und Beratung gGmbH)

육기관보다 저렴하게 원하는 것을 배울 수 있으며, 시민대학의 강좌는 〈그림 46〉에서 볼 수 있듯이 매우 다양하며, 현재 독일에서 가장 큰 규모인 뮌헨 시민대학Münchner Volkshochschule은 약 14,000개의 강좌를 개설하고 있다.

독일의 평생교육기관은 주로 〈표 14〉에서 볼 수 있듯이 주로 지역 평생교육센터인 시민대학Volkshochschule, VHS, 주민대학Bürger Universität, 가족교육센터Familienbildungsstät, 그리고 성인교육기관으로 ISO 9001의 인증을 받은 민간 교육 기관이 있다. 교육 수혜자가 정부로부터 재정지원을 받으려면 DIN EN ISO 9001인증서가 있는 교육기관에서 교육받아야 한다. 연방 노동부 고용센터가 발행하는 이 인증서는

〈표 14〉 교육기관에 따른 평생교육 기관의 구분분포

<table>
<tr><th></th><th>교육내용</th><th>교육수혜자</th><th>교육결과</th><th>교육비 지원 및
그에 관한 부서</th></tr>
<tr><td>시민대학
(Volkshochschule, VHS)</td><td>일상생활 관련
(문화/건강/요리/IT/
외국어 등)</td><td>누구나 가능</td><td>과정 수료증</td><td>자자체</td></tr>
<tr><td>주민대학
(Bürger Universität)</td><td>인문, 사회, 과학,
전공분야 지식</td><td rowspan="3">- 직장인 중 상위 자격증 또는 학위취득을 원하는 경우
- 직장에 다니나 실직상황에 처한 경우
- 실직자
- 경력단절 경우</td><td></td><td>각 대학</td></tr>
<tr><td>가족교육센터
(Familienbildungsstät)
혼합형</td><td>가정생활,
자녀 양육 관련
(육아, 취학 전 아동지도 등)</td><td></td><td>지자체
사회복지과</td></tr>
<tr><td>민간 교육 기관
(ISO 9001 인증 필요,
성인교육기관으로 등록 필수)</td><td>국가 자격증 취득,
상급학교 졸업시험 준비 과정</td><td>- 국가자격증 응시자격(직업자격증 경우 상공업협회가 시험 주관)
- 학교 졸업시험 응시자격(공립학교가 시험 주관)</td><td>노동부
고용센터</td></tr>
</table>

출처 : 주독일한국교육원, 2021

3년간 유효하며, 3년 후 재신청을 해야 한다. 또한 인증서를 받은 후에도 각 교육기관의 목적에 맞게 운영되는지 매년 검사받는다. DIN EN ISO 9001는 품질 경영 및 관리에 대한 인증서로써 교육 수혜자가 교육 기관을 선택할 때 좋은 기준이 된다.

시민대학은 1920년대 학교교육으로부터 소외된 시민들을 교육하기 위해 만들어졌다. 독일의 대표적인 평생교육기관인 시민대학은 2021년 현재 독일 전역에 900개 정도나 된다. 시민대학은 이익창출이 목적이 아니기에 다른 민간교육 기관보다는 훨씬 저렴하게 교육과정을 제공하며, 주로 다음과 같은 구조로 운영되고 있다.

첫째, 각 VHS는 코스 개설과 재정 관리 등을 자립적으로 하며 많은 지역에서 자체 건물을 소유하고 있다.

둘째, 각 VHS는 소재지 지자체로부터 재정지원을 받으며 개별 VHS의 책임자는 지차체 인사과에서 공모해서 뽑으며 각 지자체 관리하에 있다. 지역별 지자체가 VHS를 관리하며, 교육부와 교육청은 학교교육만을 담당한다. 또한 VHS의 강사들은 VHS의 책임자가 채용하며 모두 비정규직으로 강사를 위한 의료보험비나 다른 세금을 지불하지 않는다.

셋째, 각 VHS는 인근 지역의 VHS와 긴밀하게 협력하고, 주 정부 단위의 VHS협회에 소속되어 있다. 주 정부 단위의 협회는 전국 VHS협회의 회원으로써 평생교육 분야와 관련된 안건을 정치권에 전달하며 재정 지원 및 교육환경과 관련하여 협상한다.

넷째, VHS의 교육 코스 기간은 매우 다양하지만 1회성부터 최대 15주이다. 만 16세 이상이면 누구나 코스에 등록할 수 있다. 때로 주부, 구직자, 은퇴자 등 특별한 그룹의 요구에 맞춘 교육과정을 제공하기도 한다. 참가자에 따라 오전 / 오후, 혹은 저녁, 집중과정 / 주말 과정 등을 운영하고 있다. 직장인들이 1년 5일 동안 자기 계발을 위해서 유급 휴가를 쓸 수 있으므로 이러한 요구를 감안한 과정도 제공하고 있다.

지역 평생교육센터의 역할을 수행하고 있는 시민대학 운영비의 가장 큰 비율은 소재지 지자체의 재정 지원이며, 교육과정 참가자의 수강료도 운영비의 일정 부분을 차지한다. VHS의 수강료 또한 시간 당 평균 2.10유로2021년 기준로 매우 저렴하다. 3일 간 종일 과정의 경우에는 51.40유로이지만 기초생활비 수급자의 경우 노동부 고용센터에 신청하면 쿠폰을 받아 등록할 수 있다. 이외에도 소재지 주 정부의 재정상태, 난민에 대한 독일어 위탁교육연방 정부 지원 등 재정 지원 프로젝트의 성격에 따라 재정 지원 기관이 달라질 수 있다. 공공복지 차원으로 대학에서 운영하는 주민대학의 경우 학비가 없으며, 수강자는 단순 청강생으로 대학의 수료나 졸업 등에 아무런 의무가 없다. 주민대학의 개념은 아직 명확하지 않으며, 아직은 독일에서 널리 알려지지는 않은 성인교육 기관으로, 주로 고학력 은퇴자들이 등록하는 경우가 많다.

시민대학의 가장 큰 특징은 모든 사람에게 열려있다는 점이다. 성별, 소득, 인종, 연령, 출신지, 학력 등 어떤 사회적, 문화적 배경을 가졌는지에 상관없이 누구나 시민대학에서 교육을 받을 수 있는 것이다. 덕분에 시민대학은 외국인이나 이민자 등 여러 사람들이 만나 서로 상대를 이해하고 인정하는 기회를 제공하기도 한다. 또한, 시민대학은 전국 곳곳에 퍼져 있어서 접근성이 좋다. 또한 정부의 재정지원으로 운영되기 때문에 수업료도 낮아서 교육수혜가 어려웠던 사람들도 경제적인 부담이 없이 교육을 받을 수 있도록 제도적인 지원을 아끼지 않고 있다.

정치교육의 경우, 연방정치교육원Bundeszentrale für politische Bildung, bpb의 후원하에서 시민대학이나 노동조합 등 다양한 성인교육기관에서 이루어지지만, 주로 정당과 밀접하게 관련된 재단들의 후원하에 이루어진다. 이러한 정치재단Politische Stiftungen들에는 프리드리히-에버하르트Friedrich Ebert 재단, 프리드리히-나우만Friedrich Naumann 재단, 콘라트-아데나우어Konrad Adenauer 재단, 한스-자이델 재단Hans Seidel, 하인리히-뵐Heinrich Böhl 재단 등이 있다. 하지만 정치재단들을 포함해서 연방정치교육원의 후원을 받는 모든 기관들은 연방정치교육원의 간섭을 받지 않는 대신 두 가지 조건을 지켜야만 한다. 첫 번째는 보이텔스바흐 협약Beutelsbacher Konsens을 준수하는 것이고, 두 번째는 모든 예산을 투명하게 집행하는 것이다. 이 두 조건을 지킨다면 기관들은 자신들의 정치적 입장과 성향에 따라 자유롭게 교육을 진행할 수 있다. 1976년 가을 독일의 바덴-뷔르템부르크 주에서 각 정파들이 모여서 수차례의 회의를 거듭한 결과 얻어진 사회적 대타협의 산물이며, 그 내용은 다음과 같다. 첫째, 정치교육에서는 교화 및 주입식 교육을 금지한다. 즉 어떤 경우에도 학생에게 가르치는 사람의 의견을 받아들이도록 강요해서는 안 된다. 둘째, 논쟁이 되고 있는 사안은 교실에서도 논쟁 중인 것으로 소개해야 한다. 셋째, 교육을 통해 학생들은 당면한 정치상황과 자신의 입장을 분석하고 그로부터 자율적으로 자신의 결론을 도출할 수 있는 능력을 키울 수 있도록 해야 한다.

한편 가족교육센터는 자체건물이 있으며, 많은 경우 교회가 지원하고 교육 강좌는 VHS와 협력하여 개설한다. 민간교육기관의 교육내용은 특별한 목적 중심으로 구성되며 수강료가 최소 1,000유로 이상 10,000유로에 이르기까지 비용이 높아 참가자들은 대부분 국가 지원을 받아 등록한다. 민간교육기관은 재정지원을 해주고 있는 고용센터에 정기적으로 교육생의 출결 상황을 보고해야 한다.

4) 독일 정부의 평생교육 사업과 정책 지원

독일은 평생교육 체제 구축에서 지역현장 계속교육 공급구조의 개선에 가장 역점을 두고 있기에 각 지역별 계속교육 담당자와 관계기관들의 협력과 지원이 핵심적인 사안이다. 따라서 실제적으로 계속교육과 관련된 주요 결정들이 이루어지고 실행되는 각 지역들에서 노동시장의 인력수급의 동향을 정확히 파악해 계속교육의 효율을 공급과 수요 양 측면에서 높이기 위한 노력이 독일 전역에서 진행되었다.

계속교육과 평생학습에 관련된 공적, 사적 영역의 모든 지역 관계자들을 하나로 묶어 네트워크화하는 프로젝트로, 가장 성공적인 평생교육프로그램은 연방교육연구부가 시행한 '학습지역Lernende Regionen'이라는 프로그램이다. 이 프로그램은 유럽연합의 재정지원을 토대로 2001년부터 2008년까지 8년 동안 진행했던 독일역사상 최대의 평생교육 사업이었다. 그리고 이 프로그램을 통해 계속교육과 관련된 모델 해법, 새 교육과정이나 학과, 교육 서비스들이 지역별 네트워크로 조직되었다. 그리고 각 지역의 특색을 살리고 피교육자들에게도 개인적으로 실제 유용한 직능을 견인해 낼 수 있는 교육과정들은 해당지역의 교육, 경제, 노동시장, 행정, 문화, 정치 각 영역의 중요한 행위의 담지자들이 각자의 경험을 가지고 협동하는 네트워크 속에서 효율적으로 기능하도록 설계되었다. 이 네트워크를 통해 개별 지역은 지역의 특성에 맞고, 꼭 필요한 혁신적 교육 서비스를 개발해 시행할 수 있었다. 즉, 학습지역프로그램은 독일 연방 정부의 사업이다. 이는 피교육자들이 실제로 유용한 직업능력을 갖출 수 있는 교육과정을 개발하고, 각 지역들은 자발적인 네트워크를 형성해 지역 특성에 맞는 혁신적 교육 서비스를 개발하도록 하는 사업이다.

학습지역 사업은 독일 연방의 16개 주 정부 대표들과 지역사회 관계자들로 구성된 지도위원회가 추진하고, 연방교육연구부의 위탁을 받은 연구기관이 이를 운영한다. 또한 이 사업은 각 지역의 공공 교육기관들과 사설 교육기관들이 네트워크를 이룸으로써 교육 내용과 교육체계의 질적인 수준과 투명성을 관리할 수 있도록 기획되었다. 그 결과 연방교육연구부와 16개 주 정부들의 재정지원비용을 크게 절감하는 데 기여했다. 또한 개별 지역네트워크들은 8년간의 정부 지원을 토대로 자립적인 재정구조를 마련하는 데 성공했다. 특히 정부의 재정지원이 종료된 이후에도 결성된 지역네트워크들을 토대로 지역현장에서 계속교육의 공급구조를 개선했으며, 또한 지역 사정에 적합한 사업들을 지속적으로 개발함으로써 그 효과를 극대화하고 있다.

현재 독일에는 76개의 학습지역 네트워크가 산재해있으며, 이들 중 상당수는 정부지원 종료 후에도 사업의 지속성을 위해 재단이나 사단법인 또는 공익유한회사의 형태로 전환해 운영되고 있다. 이러한 평생교육 네트워크 프로그램모델은 유럽교육계에서 아주 긍정적인 반응을 이끌었다. 특히 2003년 유럽연합위원회는 이 모델을 중심으로 한 유럽 차원의 네트워크를 결성했으며, 현재 유럽연합은 평생교육 지원정책분야의 경험, 정보교환, 지역개발 전략을 토대로 유럽 내 12개 국제공조 평생교육네트워크를 지원하고 있다.

〈그림 48〉 독일 76개의 학습지역(2012년 통계)

독일 내 학습지역의 대표적인 사례로는 슈베비쉬 할Schwäbisch Hall과 안스바흐Ansbach 지역에서 조직된 '기술직 여성들'이라는 네트워크이며, 이 둘은 평생교육을 통한 과도기 매니지먼트의 사례로 유명하다. 이 두 지역은 제조업을 중점으로 하는 반면, 이 지역의 여성들은 대부분 서비스업에 종사하고 있다. 그래서 여성들이 결혼이나 육아로 인해 휴직하면 직장으로 다시 돌아가기 어려운 구조였다. 그런 반면에, 이 지역의 중소기업들은 기술에 대해 잘 아는 판매 인력에 대한 수요가 컸다. 이러한 상황에 착안하여 '기술직 여성들' 네트워크는 재취업을 원하는 여성들에게 기술교육을 실시하고, 지역의 제조업체에 취직할 수 있도록 도와주었다. 이 '기술직 여성들' 네트워크에는 지방노동청, 중소기업, 교육기관 등이 참여한다. 지방노동청은 중소기업들과 관련 교육기관들 사이에서 조율하는 역할을 하고, 중소기업들은 필요한 교육과정을 설계하며, 직업교육센터나 기술

전문대학들이 교육을 직접 담당한다. "기술직 여성들"은 평생교육을 통한 직업교육과 재취업의 성공적인 사례인 것이다.

또한 학습지역 프로그램은 기존의 전통적 교육 시스템에서 탈피하여 지역 노동시장의 수요에 적합한 교육을 맞춤형으로 실시함으로써 지역 노동시장의 안정화에 기여하고 있다. 지역 노동시장 관계자와 교육 관계자의 소통을 통해 실질적인 고용촉진을 이룬 것이다. 게다가 이 프로그램으로 필요한 노동력을 구한 지역 기업들은 이후에도 학습지역 네트워크에 적극적으로 참여하는 경향을 보인다. 또한, 직업교육 이외에도 '학습하는 지역들' 프로그램은 지역 단위의 평생교육 네트워크를 활성화함으로써 지역민들의 삶의 질을 향상시키는 데에 도움을 주고 있다. 고령화사회에서 발생하는 은퇴 후의 긴 삶에 대한 준비나 이질적인 문화를 가진 사람들과의 공존 등의 문제 해결에 도움을 주고 있는 것이다.

이처럼 독일의 평생교육과 직업재교육의 성공은 무엇보다도 독일 연방교육연구부의 정책과 제도의 강력한 지원으로 가능한 것이다. 특히 정부가 시행하는 '교육휴가청구권Recht auf Bildungsurlaub', 직업 계속교육을 통한 고학력자 실업구제 프로그램, 교육상여금 지원 제도 등이 가장 큰 역할을 하고 있다. 독일에서 모든 노동자들은 법적으로 교육휴가를 청구할 권리가 있다. 급변하는 현대 기술문명사회에서는 계속교육을 요구하고 있으며, 교육휴가청구권은 사회의 변화에 대한 적응력을 키우기 위해 교육을 받을 수 있는 권리를 보장하는 것이다. 독일에서 노동자들이 갖는 이 청구권은 독일 복지정책이 지닌 가장 큰 장점 중 하나이다. 이 청구권으로 인해 노동자들은 기존의 직업 일상에서 벗어나 새로운 직업에 대한 경험, 다인과 직업경험 교환, 그리고 새로운 것을 배울 수 있는 기회 등을 얻을 수 있는 것이다.

독일의 직장인은 연간 5일, 2년마다 10일 간 교육휴가Bildungsurlaub을 법적으로 보장받는다. 각 주 정부의 법령으로 정해진 이 청구권에 따라 모든 직장인이 외부 민간 교육 기관 중에서 직업과 관련되는 교육 내용을 선택할 수 있다. 독일에서 바이에른과 작센을 제외한 모든 연방 주에서는 유급교육휴가를 받을 자격이 있으며, 일부 주에서는 특별 규정으로 수습생 및 공무원에게도 적용된다. 독일의 직장에서 일반적으로 유급교육휴가의 신청은 고용계약 후 6개월에서 12개월 사이에 이루어지며, 추가 교육의 내용이 반드시 업무상 전문적인 활동과 관련될 필요는 없다. 즉, 직원의 자기계발 및 전문역량 강화를 위한 장기적 안목의 정책이기에 독일어 및 외국어 수업, 정치세미나 그리고 자기개발프로그램에 이르기까지 다양하다. 다만 해당과정이 '추가 교육'으로서 공식 인정되어야 한다는 것을 전제로 한다. 아울러 많은 연방 주에서는 10일의 교육 휴가 기간을 보장받을 수 있도록 2년의 휴가를 합해서 교육휴가의 사용을 권장한다.

교육휴가 신청과정은 먼저, 직원 스스로 직장이 속한 연방주의 교육 휴가 법률 및 정보 검색을 통해 교육휴가 자격유무와 요건을 파악해야 하며, 둘째로 직원의 휴가 일정에 맞는 수업이나 세미나를 선택하여 등록하며, 셋째로 등록된 단체나 주관기관으로부터 교육 휴가 신청을 위한 자료나 문서를 받아 회사에 신청서를 제출하게 된다. 독일의 직장에서는 원칙적으로 적어도 교육휴가 시작 4~9주 전에 유급 교육휴가신청서를 제출해야 한다. 교육 휴가 기간 동안 회사는 정규휴가와 마찬가지로 해당 직원의 급여를 계속 지급하며, 직원은 교육에 필요한 수업료와 교재비, 교통비와 숙박 등의 비용은 자비로 지출한다. 그러나 자비로 지출한 교육비용은 연말 정산 시 모두 환급대상이 된다. 그러나 독일에서 모든 고용주가 직원의 근무지 이탈 및 유급교육휴가의 신청을 반기진 않는다. 그럼에도 직원이 가지는 유급교육휴가청구권과 마찬가지로 고용주도 업무상 긴급한 상황이나 업무에 결원이 생길 경우 교육휴가신청을 거부할 수 있다. 또한 교육 휴가의 목적이 업무에 필요한 전문성과 무관할 경우 교육휴가신청을 반려할 수 있다.

한편 직업계속교육을 통해 실업자를 구제하려는 프로그램AQUA도 지난 2006년부터 연방교육연구부와 오토-베네케-장학재단Otto-Benecke-Stiftung e.V.가 공동으로 시행되하고 있다. 이 프로그램은 직업계속교육을 통해 국내 고학력실업자와 이주 고학력실업자를 구제하는 것이 목적이다. 주로 자연과학과 공학 분야의 실업자이 대상자이며, 노동경력과 무관하게 대학에서 13개월 계속교육을 이수한 후 취업준비가 가능하다. 또한 교육기간 동안에 피교육자들은 실업수당을 받는다.

독일의 교육상여금 지원제도는 "교육은 미래를 위한 투자"라는 슬로건에 따라 시행되고 있는 정책이다. 노동시장이 직능향상을 계속 요구하고 있는 상황에서 노동경력을 보장받고 뒤처지지 않으려면 개인이 계속교육에 대해 자발적으로 참여하고 투자해야 한다. 이러한 계속교육에는 비용이 발생하며, 이는 노동자들에게 커다란 부담이다. 교육상여금제의 도입은 바로 정부가 계속교육의 위상과 참여율을 높이기 위해 교육비의 일부를 지원하는 정책이며, 교육상품권, 계속교육적금Weiterbildungssparen, 계속교육대출Weiterbildungsdarlehen 3가지 지원요소로 구성되어 있다. 특히 2008년 12월 1일부터 시행되고 있는 교육상품권은 계속교육 과정의 수료비용을 본인이 50% 부담할 경우 국가가 1년에 154유로까지 상품권 형태로 부담하는 제도이다. 2009년 1월부터 시행되고 있는 계속교육적금은 기존의 재산형성법에 추가조항을 넣어 적금해약 없이 적립금을 계속교육 비용으로 사용할 수 있고, 만기이자를 보장받으면서 기존 적립액을 계속교육 비용으로 사용할 수 있도록 제도적으로 배려한 것이다. 또한 계속교육 대출은 개인신용에 대한 검사도 없고 수입의 고저와 관계없이 저이율의 계속교육용 대출이 가능하도록 지원하는 제도이다.

5) 독일 평생교육연구소

독일에서 평생교육에 대한 전문연구기관인 '독일성인교육연구소Das Deutsche Institut für Erwachsenenbildung, DIE'를 설립해 평생교육과 관련된 수많은 연구프로젝트를 수행해 오고 있으며, 평생교육의 발전을 위한 다양한 정책방안도 제시하고 있다. 최근에는 평생교육의 범주에 속하는 독일의 직업재교육 체계는 청년일자리 창출과 실업 문제 해결에 가장 훌륭한 모범사례로 꼽히며 한국을 포함한 전 세계의 찬사를 받고 있다.

독일 평생교육연구소는 1957년 지역별 평생교육센터인 시민대학Volkshochschule의 교육을 지원하기 위해 독일 마인강가의 프랑크푸르트Frankfurt am Main에 설립되었으며, 현재는 독일 본Bonn에 소재하고 있다. 연방 교육연구부Bundesministerium für Bildung und Forschung, BMBF와 노르트라인 베스트팔렌Nordrhein Westfalen 주 정부의 재정 지원으로 운영되는 사단법인이다. 이 연구소의 설립 목적은 평생교육과 관련된 연

〈그림 49〉 독일 성인교육연구소(Bonn)

구 결과가 실제 현장에서 유용하게 적용되고, 정부나 공기관이 평생교육 관련 정책을 수립하는 데에 중요한 연구결과를 제공하는 것이다. 독일에서 평생교육과 관련된 연구를 수행하는 가장 중요한 기관이며, 독일 연방교육연구부와 주 교육부가 50 : 50으로 재정을 출연해 운영하는 라이프니츠 학술공동체 Wissenschaftsgemeinschaft Gottfried Wilhelm Leibniz e.V., WGL 소속의 독립연구소이기도 하다. 독일 평생교육연구소는 성인교육의 이론과 실제를 일원화하는 학술서비스 제공, 실천 중심의 연구 기반 형성, 그리고 개혁적인 프로젝트를 구상하는 것을 주요한 과제로 설정하고 있다. 연구소는 연간 4회의 평생교육 전문학술지 *DIE Zeitschrift für Erwachsenenbildung*를 발간하고 있으며, 성인교육의 네트워크 구축, 국제활동, 발전 방향 등의 업무를 수행하고 있다.

독일 평생교육연구소의 역할은 다음과 같다. 첫째로 평생교육과 관련된 각 대학의 연구 실적을 네트워킹하고 실제 현장에 적용하도록 지원하며, 둘째로 평생교육과 관계되는 교육 정책의 영향에 대한 연구를 진행한다. 셋째로 난민과 같은 특정한 사회적 그룹이나 자동차정비고 등의 직업분야를 위한 효율적인 교육 자료에 대한 연구와, 넷째로, 평생교육 기관의 조직 및 구조에 관한 연구 등을 수행한다. 다섯째로 평생교육 기관 소속 교육자들의 능력을 개발하는 교육을 시행하며, 여섯째로 평생교육과 관련된 잡지 발간 및 평생교육 관련자 세미나 등을 진행한다.

〈그림 50〉 DIE의 평생교육 전문학술지

또한 이 연구소는 성인교육 정책담당자나 연구자, 기획자 및 교육 등 성인교육 종사자들에게 다양한 프로그램을 제공하고 있는데, 대표적인 5개의 프로그램은 다음과 같다. 첫째로 '성인학습 프로그램'이 있는데, 이 프로그램의 주된 과제는 성인교육에서 모범사례를 개발하여 교육적 혁신을 자극하고 그것을 이론적으로 확산시키는 것이다. 그 중 일부는 저학력 여성을 위한 오리엔테이션 및 훈련 전략, 여성을 위한 컴퓨터교육, 학습네트워크 후원, 저학력자들에 대한 재교육동기부여, 평생배움 영역의 패널표본집단 추출 등이 포함되어 있다. 둘째로 '재교육 이론 프로그램'이 있다. 이 프로그램의

Suchmaschine
für Weiterbildung

MENÜ

DIPF

Ihre Weiterbildung mit der Weiterbildungssuche des IWWB finden

In 3.434.030 Kursen in regionalen und überregionalen Weiterbildungsdatenbanken

Suchbegriff eingeben (Freitext-/Volltextsuche)

Erweiterte Suche

Ort oder Postleitzahl eingeben

Suchen

Beratung zur Weiterbildung

Weiterbildung Förderangebote

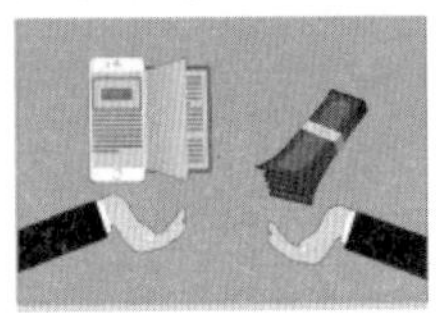

〈그림 51〉 독일 평생교육기관 DB-IWWB

주된 목적은 재교육에서 개개인의 교육 욕구에 대한 자료 수집, 분류, 평가를 통해서 재교육 대상자의 요구를 분석함으로써 높은 수준의 학습을 가능케 하는 것이다. 또한 혁신적인 재교육 개념 및 교수법적 모델을 개발하고 실험한다. 셋째로 '재교육의 조직변화 프로그램'이 있는데, 이 프로그램의 목적은 재교육조직에 대한 법적 토대, 기술, 매체 개발을 연구하는 것이다. 또한 성인교육의 조직적 연관을 밝혀서 이론과 실제를 연결하는 방안을 모색한다. 넷째로 '재교육의 구조변경 프로그램'의 목적은 재교육 체계를 정리하여 전문적 체계화하고 재교육 체계에 대한 지식과 이론적 토대를 매개하는 것이다. 다섯째로 '유럽 재교육 콜렉Kolleg 프로그램'은 유럽 내 성인교육 석사과정을 유럽 내 파트너 대학들과 공동으로 진행하는 것을 목적으로 하고 있다. 또한 유럽 내 재교육자들에게 공통자격을 부여하기 위한 프로그램도 연구된다.

기타 독일 전역에 있는 평생교육기관에 대한 검색기로써 2002년부터 2004년까지 연방 교육연구부의 재정지원으로 구축된 평생교육기관 데이터 뱅크InfoWeb Weiterbildung, IWWB가 있다. 데이터 뱅크는 모든 평생교육 기관을 일목요연하게 정리하여 교육 수혜자들에게 제공하기 위해 만들어졌다. 이 플랫폼에 탑재된 평생교육 관련 콘텐츠는 독일 전역을 망라하는 교육기관 및 각 지역에만 있는 교육기관 등 총 3,429,336개 평생교육 기관의 교육 과정, 교육제공 기관명, 교육과정, 교육방법, 비용, 인원, 비용의 국가지원 여부, 교육기간, 그리고 교육제공자가 일률적인 양식에 따라 교육 내용을 탑재하도록 되어 있다. 따라서 유사 영역의 교육과정의 비교 가능하다. 또한 주제에 따라 교육과정을 선택하면 좋은지, 교육비용 지원 여부에 대한 상담을 받을 수 있도록 연계해 주는 기능, 각 교육 제공자 간 네크워크킹을 통해 교육 정보의 질을 향상하도록 돕는 내용이 있다.

나가며

독일의 직업교육과 평생교육의 시사점과 한국에의 적용

기독교적 전통과 문화에 따라 중세시대부터 직업에 대한 각별한 소명의식을 가진 독일의 직업교육은 전 세계적으로 성공적인 직업교육의 모델로 주목받고 있다. 독일의 직업교육의 가장 큰 장점으로는 현장실무교육과 이론교육이 함께 이루어지기에 교육과 현장의 괴리가 적다는 것이다. 또한 기업 주도의 직업학교의 커리큘럼 형성이나, 대학 주도의 이원화 고등직업교육의 학사과정에 기업이 적극적으로 참여하는 등 산학일체형 직업교육 및 고등직업교육이 효율적으로 시행되고 있다는 사실이다. 특히 독일에서는 직업학교의 운영 및 커리큘럼의 설정 과정에까지도 수공업회와 상공업회 등 경제와 산업의 주체들이 참여해 산업(체)의 특성에 맞는 맞춤형 교육을 시행하고 있다. 나아가 독일의 직업교육은 계속교육의 틀 안에서 평생교육 혹은 평생직업교육과도 유기적으로 잘 연계되어 있다. 특히 주기적인 직업인들의 계속교육이나 직업재교육을 통해 시시각각 변하는 혁신기술에 대한 동향에 민활하게 반응하도록 현장적용 능력을 강화하는 것도 독일의 이원화 직업훈련제도나 이원화 고등직업교육의 특장점이다.

현재 한국의 중등단계의 직업교육은 취업률 저하와 그로 인한 입학률 저하라는 이중고를 겪고 있다. 직업계고 졸업생의 취업률은 2017년까지 꾸준히 증가세를 보이다가 2018년부터 떨어지기 시작하여 현재는 30% 이하에 머물러 있다고 한다. 반면에 취업률은 줄어드는 대신 대학진학으로 진로를 정하는 학생들이 늘고 있다. 양질의 일자리는 줄어들고 취업을 해도 차별받거나 잡일을 한다는 인식이 팽배해서 결국 대학에 진학하려는 학생들이 늘고 있는 것이다. 물론 독일처럼 기업체를 중심으로 이루어지는 도제식 직업교육제도와 한국에서 학교를 중심으로 산업인재 인력양성을 목적으로 한 마이스터 고등학교 혹은 특성화고등학교와의 수평적인 비교는 쉽지 않다. 또한 독일의 마이스터와 같은 전문성강화훈련과정은 이미 직업교육을 마친 경력단계에서 이루어지기 때문에 한국의 전문대학의 고등직업교육과정과의 비교도 쉽지 않다. 그럼에도 독일의 이원화 직업교육이나 이원화 대학이 한국의 중등단계 및 고등단계의 직업교육시스템에 주는 시사점은 다음과 같다.

첫째, 독일의 직업교육제도에는 산업체가 주도하는 직업인력개발에 대한 사회적 기여정신이 강하게 녹아있다. 산업체 전문인력 양성을 위해 교육기관과 기업, 사회경제단체, 노조들이 책임감을 갖고 적극적으로 참여하고 있다. 정부는 직업교육에 필요한 기본 인프라와 체계를 지원하며, 국가인력 개발에 필요한 정책연구 및 직업(교육)에 관한 다양한 정보를 제공한다.

둘째, 지속가능한 고용취업 문화정착을 위한 직업교육과 직업훈련의 연계와 표준화를 위해 정부 유관기관 간 거버넌스가 반드시 필요하다. 한국에서 직업교육은 교육부, 직업훈련은 고용노동부의 소관으로 분리되어 있어서 상호 연계된 직업교육훈련체계의 효율이 낮다고 할 수 있다. 또한 현재 시행되고 있는 국가직무능력표준NCS도 직능별로 좀 더 유연하게 적용할 필요가 있다.

셋째, 조기에 학생 개인의 적성과 재능을 반영한 진로 및 경력개발경로career path를 설정할 수 있는 지원체계가 구성되어야 한다. 교육과 노동은 매우 밀접한 관계를 맺고 있으며, 교육의 성과가 개인과 사회의 동반성장을 의미할 수 있어야 한다.

넷째, 산업체 인사제도에 관련 학력간의 임금격차가 완화되어야 하고, 대기업과 중소기업체 간의 동등한 인력개발과 복지후생이 보장되어야 한다. 국가는 현재 한국의 전체 기업 중 97%를 차지하고 있는 중소기업체들을 위한 직업교육과 훈련제도를 우선적으로 지원하여 미래의 산업체 인력양성에 적극적으로 대비해야 한다.

다섯째, 독일에서는 고등교육 단계에서도 대학이 주도적으로 산업체의 수요를 반영해 이원화 직업교육과정을 운영하고 있으며, 기존 직업교육훈련이나 직장 경력을 대학 입학 및 학위취득 과정에서 유연하게 수용하고 있다. 특히 지역 산업에 특화된 다양한 실무교육프로그램을 운영함으로써 대학의 이론교육과 현장의 실무교육이 연계되어 국가 산업발전의 시너지를 창출하고 있다. 이를 위해서는 한국의 대학들도 정부의 산학협력 관련 재정지원 사업의 세부 프로그램 수행을 넘어 좀 더 과감하게 대학을 지역에 개방할 필요가 있다.

여섯째, 독일은 2005년 직업훈련법을 개정함으로써 연방직업연구원 중심의 제도화된 직업훈련연구를 강화하고 있다. 또한 직업훈련과정에서 계속교육을 통해 대학교육과정으로의 이동을 촉진·확대함으로써 우수한 인재를 양성하고 있다. 때문에 한국에서도 직업훈련과 계속교육의 연계를 보다 더 강화함으로써 우수한 청년에게 직업적 성공 및 사회적 상승 기회를 제공해야 한다.

일곱째, 독일의 대표적인 실무중심의 고등직업교육대학이자 응용과학대학인 미텔슈탄트대학의 사례에 볼 수 있듯이 한국의 고등직업교육은 강의중심에서 문제해결중심의 프로젝트 학습으로 변화해야 한다. 또한 이론중심에서 산업현장의 요구를 보다 확대하는 실무중심의 교육을 시행해야 한다. 이를 위해서는 고등직업교육대학은 지자체와 지역 내 기업들과 함께 지역에 특성화된 산업을 발굴해 내고, 이를 통해 지역의 발전에 보다 적극적으로 동참하는 대학시민이 되어야 한다.

4차 산업혁명시대에 급변하는 직업구조의 변화 속에서 학령기 단계의 학교교육에서, 그리고 직업세계로 진출한 이후에도 급변하는 기술의 변화에 대응해 어떠한 직업재교육을 시행해야 할지, 또한 어떤 역량을 길러야 할 것인지가 매우 중요한 과제이다.

산업화시대에 맞는 현재의 교육시스템과 인재양성 프로그램

만으로는 4차산업혁명이 가져올 미래에 필요한 인재를 양성하기는 어렵다. 전문가들은 환경변화에 맞추어 새롭게 필요한 직무역량으로 "새로운 기술과 지식을 빠르게 습득하고 업그레이드 할 수 있는 평생학습역량, 본인과 다른 직무 분야의 기술과 지식을 융합할 수 있는 역량, 신기술을 두려워하지 않고 적극적으로 활용해 문제를 해결하는 역량, 주어진 ICT를 최대한 활용할 수 있는 역량"의 네 가지를 강조하고 있다.

이러한 상황에서 볼 때 한국의 고등교육체계에 변화가 필요한 시점이다. 갈수록 가속화되는 기술변화의 추이를 반영해 미래에는 고등단계의 직업교육의 중요성이 더욱 강조될 것이다. 따라서 한국에서도 기존 전문대에 집중된 고등단계 직업교육을 4년제 대학으로 확대할 필요가 있다. 이를 위해서는 고등직업교육구조의 개편도 적극적인 논의대상에 포함해야 한다. 아울러 독일에서 성공적으로 시행되고 있는 중등단계의 이원화직업교육훈련과 고등단계의 이원화고등직업교육을 넘어 산업현장에서 근무하고 있는 직장인들이 현장에서의 문제를 스스로 해결하여 고품질의 제품을 생산해 낼 수 있도록 자신의 업무와 관련된 이론을 학습하고 현장에서의 문제를 스스로 해결 혹은 개선하도록 지원하는 산학협동모델을 우리 산업현장에서도 더욱 적극적으로 추진할 필요가 있다.

이를 위해서는 독일의 응용과학대를 모델로 해 기존 한국의 교육중심대학교나 전문대학의 위상을 재정립할 필요가 있다. 구체적으로는 한국의 전문대학교나 폴리텍과 같은 고등직업교육기관에 석사과정을 단계적으로 도입할 필요가 있다. 늦었지만 2021년부터 5개 전문대를 시범으로 하여 단계적으로 확대하는 '마이스터대 사업'이라는 새로운 고등직업교육모델을 실행하는 것은 매우 고무적이다. 이러한 측면에서 볼 때, 대표적인 독일의 이원화 고등직업교육기관인 응용과학대학은 한국의 고등교육기관의 구조개편에 중요한 시사점을 준다. 또 한국은 독일과 같이 다양성이 담보된 교육정책을 추진해야 하며, 현재의 4년제 대학과 전문대학교 모두 충족시킬 수 있는 교육을 지향해야 한다. 특히 대학교육에는 긴 호흡으로 투자를 해야 하며, 취업률을 대학교육의 실적으로 평가하는 것을 지양해야 한다. 때문에 정부도 대학에 대한 규제를 완화해 대학이 좀 더 교육에 집중할 수 있는 환경을 조성해 주어야 한다. 물론 교육의 질을 제고하기 위해서 전문대 교수자들의 응용연구역량도 강화되어야 한다. 그리고 교수자의 연구가 학생교육으로 환원될 수 있도록 제도적인 지원책이 마련되어야 한다.

독일의 직업교육과 연계해 꼭 주목해야 할 분야는 모든 교육의 기반인 평생교육 분야이다. 독일 정부의 평생교육정책은 시대에 맞게 항상 변화하면서 국민이 적절한 평생교육을 받을 수 있도록 지원하는 것에 중점을 두고 있으며, 평생교육 기관이나 시설들을 직접 통제하지는 않는다. 정부는 평생교육기관들로 하여금 자율성을 가지고 각 지역의 특성에 맞는 평생교육 프로그램을 개발·운용하게 할 수 있도록 지원하고 있다. 또 독일의 직업교육훈련체계는 계속교육이나 직업교육 등을 통해 평생교육에도 그대로 적용되고 있다. 독일 국민들 또한 평생교육을 자신의 자아실현의 통로이자 국가경쟁력의 근원으로 인식하고 있다. 독일의 평생교육은 이제 공교육에서 가장 중요한 교육의 축으로 자리잡고 있다. 독일은 일반교육·직업교육·평생교육이라는 삼각축을 토대로 인재를 양성하고, 실업문제를 해소해 나가고 있다. 독일의 평생교육시스템이 우리에게 주는 시사점은 주로 다음 3가지이다.

첫째, 체계적이고 자율적이며 지속가능한 평생교육시스템이다. 독일은 국가와 국민을 위해서라는 명확한 목표로 평생교육체제를 1950년대부터 마련해 왔으며, 초등교육, 중등교육, 고등교육과 더불어 평생교육을 정규 교육의 한 부분으로 중요하게 다루고 있다. 독일 정부는 평생교육정책의 방향을 제시할 뿐 평생교육기관이나 시설들을 직접 통제하지는 않는다. 오히려 평생교육기관들로 하여금 자율성을 가지고 평생교육 프로그램을 개발·운용하게 할 수 있도록 지원하고 있는 것이다. 우리나라 또한 일반 교육영역에서 평생교육 강좌를 개설하는 등 평생교육에 대한 인식을 강화해야 한다. 또한 각 지역의 특성을 살린 전문적인 평생교육

〈그림 52〉 독일 본(Bonn)의 성인교육연구소 라이프니츠 평생학습센터(DIE)

연구기관 설립을 서둘러야 하며, 평생교육기관에 대한 자율성 또한 강화할 필요가 있다. 나아가 기존 평생교육 인프라가 현격히 부족한 우리 현실에서는 민간 평생교육 단체기구에 대한 정책적·재정적 지원을 강화해야 한다.

둘째로, 직업교육과 연계된 평생교육과 공교육기관의 개방이다. 직업교육의 모델국가로 각광받는 독일은 오래전부터 일과 학습을 병행하는 이원직업교육제도를 시행하고 있으며, 이러한 직업교육은 평생교육에도 그대로 적용되고 있다. 특히 독일은 은퇴자들에 대한 직업재교육을 실시해 산업에 재투입하고 있으며, 이러한 교육을 위해 시민대학과 같은 평생교육 기반시설이나 대학을 포함한 일반교육기관들의 공간과 장비들을 과감히 개방하고 있다. 물론 우리나라에서도 지자체나 도서관, 대학교, 민간 교육단체 등에서 평생교육을 시행하고 있다. 하지만 대학을 포함한 공교육·사교육 기관의 개방을 보다 확대해 평생교육을 위한 공간으로 활용할 필요가 있다. 아울러 중앙 정부에서 지원하는 몇몇 직업교육과 평생교육이 연계된 프로그램도 충분하지 못한 실정이다.

셋째로, 평생교육프로그램에 대한 제도적 지원과 직업교육을 포함한 평생교육에 대한 인식의 변화가 절실하다. 평생교육시스템을 강화하고 평생교육을 장려하기 위해 독일은 지속적으로 제도·정책적 지원을 단행해 왔다. 우리도 독일 정부가 시행하고 있는 '직업계속교육을 통한 실업자 구제 프로그램AQUA', '교육상여금', '교육휴가청구권' 등과 같은 제도를 도입할 필요가 있다. 평생교육을 자아실현의 통로이자 국가경쟁력의 근원으로 인식하고 있는 독일처럼 우리 국민들이 평생교육의 중요성을 인지하고 평생교육에 보다 적극적으로 참여해야 한다.

21세기는 지식정보화사회로 지식이 곧 능력이 되는 만큼, 우리 실정에 맞는 평생교육정책으로 국가경쟁력을 제고해야 한다.

한국에서는 청년 취업난에 더하여 중·고령층의 조기 퇴직 문제가 커다란 사회적 이슈이다. 또한 '베이비 붐' 세대라 불리는 1955년에서 1965년 사이에 출생한 800여만 명에 달하는 사람들이 본격적으로 은퇴를 하는 시기가 도래했다. 게다가 평균수명의 연장으로 100세 시대가 예상되는 만큼 대략 50~60세 은퇴자들도 이후의 삶을 인생의 황혼기가 아닌 '시즌 2의 시작'이 될 수 있도록 준비해야 하며, 동시에 이들이 제2, 혹은 제3의 직업이나 직장을 찾을 수 있도록 사회 시스템과 교육영역에 큰 변화를 주어야 한다. 이러한 맥락에서 평생교육은 이러한 문제를 해결하는 중요한 실마리가 될 수 있다.

독일의 이원직업교육제도는 평생교육에도 그대로 적용되고 있다. 고령화가 갈수록 심화되는 한국의 경우 특히 독일식 계속교육이나 직업교육제도를 도입해야 한다. 나아가 직업교육을 포함한 평생교육에 대한 사회적 인식의 변화를 도출해야 한다. 다행스러운 것은 한국에서도 정부 주도로 '평생학습도시'를 지정해 다양한 지원 정책을 펼치고 있다. 평생학습도시는 2001년 경기 광명시 등 3곳이 시범 지정된 이래 벌써 20년째 접어들었으며, 2020년 말 기준으로 전국 226개 기초 지자체 중 175곳이 평생학습 도시로 지정되었다. 나아가 지정된 도시들은 2004년에 출범한 '전국평생학습도시협의회'를 결성해 평생교육의 진흥에 관한 정보를 교류하고 발전을 모색하는 플랫폼으로 활용하고 있다. "기업이 새로운 지식과 기술을 끊임없이 습득하지 않으면 경쟁에서 살아남을 수 없듯이, 지자체도 풍부한 배움의 기회를 제공하지 못하면 주민을 확보할 수 없는 시대"라는 진단처럼 평생교육이 지방의 소멸 위기를 극복할 중요한 대안이기에 지자체의 역할이 무엇보다 중요하다.

21세기에 맞이한 초지능정보사회는 새로운 지능정보역량을 요구하고 있기에 인생의 전 주기에 걸쳐 교육을 받아야 한다. 독일의 평생교육은 국가가 평생교육을 재정적으로 지원함으로써 배우고자 하는 사람은 누구든지 재정적인 부담 없이 교육의 기회를 가질 수 있다. 최근 독일 정부의 주도로 진행되고 있는 "인더스트리 4.0Industrie 4.0" 프로젝트와 더불어 직장인의 IT 관련 교육은 보다 강력한 정부의 재정지원을 받고 있다. 또한 평생교육의 질을 향상시키기 위해서 필수적인 교육자의 역량 강화와 적절한 교수법 개발, 현장의 요구를 감안한 교육 내용 개발 등이 꾸준한 연구를 통해 뒷받침되고 있다. 독일은 지속적인 경제 성장을 위해서 고급 인적 자원이 필수적이라고 인식하고, 학교교육뿐 아니라 평생교육에 많은 투자를 아끼지 않고 있는 것이다.

근대 산업화시대의 교육목표는 학교교육을 통해 민주시민으로서의 자질을 키우고 고급 노동인구를 양성하는 것이었다. 독일은 2016년부터 국가전략인 '산업 4.0 기술혁신Industrie 4.0'을 '직업교육훈련 4.0VET 4.0'과 연계해 시행하고 있다. 융합산업시대에 필요한 협력·신속·유연한 인재를 양성하기 위해서다. 한국에서도 하루가 다르게 변하는 첨단과학기술에 대응하기 위해서 중등단계의 직업교육훈련을 넘어 고등교육단계의 직업교육이 절실하다. 물론 한국도 이미 오래전부터 일반 직업교육과 더불어 고등교육단계의 직업교육이 시행됐고 그 성과와 경험도 적지 않다. 그럼에도 불구하고 아직 한국에서는 첨단 과학기술에 대한 학습과 응용, 그리고 고도의 지적 능력과 창의력을 키울 수 있는 보다 전문화된 고등단계의 직업교육은 여전히 아쉽다. 이러한 상황에서 독일의 직업교육시스템이 다시 조명되고 있다. 특히 그동안 상대적으로 덜 조명됐던 독일의 고등교육단계의 '대학 이원화 교육제도'가 주목받고 있다.

인공지능을 필두로 한 4차산업혁명시대에는 기존 학교교육 외에 직업교육과 평생교육의 중요성이 더욱 강조되고 있다. 한국에서 직업교육과 평생교육에 관한 보다 많은 국민적 관심과 국가적 지원, 나아가 관련 제도적 방안 마련을 위한 연구 및 실행에 심혈을 기울여야 한다. 독일의 직업교육과 평생교육시스템이 한국에 주는 시사점에 주목해 한국의 관련 제도와 인식을 전환할 중대한 시점이다.

마지막으로 2024년 9월 한국의 법무부에서 편찬한 『해외진출기업 투자·법률 길라잡이–독일편』에 따르면 독일 경제연구소의 조사 결과, 2022년 7월 기준 독일 전체 기업의 약 49.7%가 기업 성장 저해 요소로 현재의 전문 인력 부족 현상을 언급할 정도로 인력난이 심한 상태이다. 또한 독일 상공회의소DIHK 조사 결과, 독일 기업의 56%는 구인난을 경영난의 주요 이유로 삼고 있다. 이러한 독일 산업계의 관점에서 본 구인난은 에너지·원자재 가격 상승78% 다음으로 높은 응답률을 나타내고 있다. 법무부의 독일편 길라잡이는 이러한 상황에서 독일 정부가 유럽연합 회원국 외의 국가 출신의 독일이민 절차를 개선하려는 「이민법Fachkräfteeinwanderungsgesetz」을 개정하는 등 외국인 인력유입을 확대하려는 정책을 추진하고 있다고 보고하고 있다.

그동안 노동시장에 대하여 비교적 보수적인 입장을 취해 왔던 독일의 변화는 한국의 독일어 전공자 및 직업계 고등학교 졸업생들의 독일 취업 희망자들에게 독일에서의 직업경험을 할 수 있는 좋은 기회가 될 것이다. 나아가 독일에서의 취업경험을 한 청년들은 향후 국내로 복귀해 기술인재로 활약할 수 있을 것이다. 그뿐만 아니라 이러한 환경은 한·독 직업교육 분야의 협력을 포함해 양국의 인력교류의 강화에도 크게 기여할 것이다. 특히나 독일 사회는 과거 1960년대 후반부터 시작된 한국의 간호 및 광산노동인력의 기여에 관한 호평과 경외심을 가지고 있기 때문이다.

참고문헌

강구섭, 「독일 통일 후 구동독지역에서 실시된 평생교육의 역할에 대한 고찰」, 『평생교육학연구』 12, 2006.

강현선, 「해외 평생교육 사례 – 영국, 독일, 미국, 일본의 평생교육을 만나다(독일 편)」, 『희망제작소(The Hope Report)』 14, 2013.

교육부, 「2019년도 산업교육 및 산학연협력 시행계획」, 2018.12.

권미연, 「독일의 평생교육」, 『교육개발』 31, 2004.

권인탁, 「지방자치 수준에서의 평생교육체제 구축방안」, 『평생교육학연구』 12, 2006.

_____, 『유럽의 성인교육에 비춰본 한국의 평생교육』, 국립대학평생교육사, 2000.

김경택, 「독일 성인교육에 관한 연구」, 단국대 박사논문, 2003.

김기홍, 『2015 독일 중등단계 이원화 직업교육훈련과정운영 현황과 시사점』, 한국교육개발원, 2015.

김덕영 외, 「독일 시민대학의 사회교육」, 『한국인문사회과학회 현상과 인식』 27, 2003.

김성남, 「마이스터고 학제 개편 방향 탐색 및 관계자 인식 분석」, 『직업교육연구』 37(5), 2018.

김순임, 「독일의 성인교육에 관한 고찰 – '계속교육' 개념과 현황을 중심으로」, 『용봉인문논총』 47, 2015.

김종서 외, 『평생교육개론』, 교육과학사, 2007.

김주희, 「4차 산업혁명과 독일의 담론, 전략 그리고 제도」, 『세계정치』 28, 2018.

김창환, 『인재강국 독일이 교육』, 신정, 2008.

김춘식, 「독일 평생교육의 역사와 한국에의 시사점」, 『역사와교육』 25, 2017.

_____, 「독일과 한국의 직업교육과 고등직업교육 – 한국에의 적용가능성을 중심으로」, 『경상논총』 37(4), 2019.

_____, 「독일의 고등직업교육과 전문대학의 미래」, 『대구보건대학교 개교50주년 기념논문집』 40, 2021.

김춘식, 「독일 '대학 이원화 교육'(Duales Studium)의 역사와 최근 현황 및 한국에의 시사점」, 『경상논총』 37(4), 2022.
김춘식, 「독일 고등직업교육의 확대와 대학 이원화 및 삼원화 직업교육제도」, 『독일연구』 54, 2023.
나승일 외, 「평생학습사회에서 고등직업교육 학제 발전방안」, 한국전문대학교육협의회, 2012.
남기호, 「프로이센 왕정복고와 헤겔의 정치적 법학적 입장III」, 『사회와 철학』 25, 2013.
박영희, 「평생교육에 대한 독일대학들의 관심 증대 및 운영 실태」, 『서양사학연구』 26, 2012.
박인섭 외, 「대학의 평생교육 해외선진사례 심층 조사분석 연구」, 국가평생교육진흥원, 2014.
박진석, 「경제환경 급변시대의 인재육성 전략」, 대한상의브리프, 2017.
방준식, 「일학습병행제의 법제화 필요성과 개선과제」, 『법학연구』 29(2), 2018.
배상훈 외, 「우리나라 중등단계 직업교육 관련 연구동향 분석－역대 정부별 분석, 『직업교육연구』 32(2), 2013.
손유미, 「특성화고등학교 정책의 과제」, 『교육비평』 34, 2014.
안이환, 「독일계속교육의 발달과정」, 『한독교육학 연구』 4, 1999.
양대종, 「독일 평생교육 정책동향」, 『평생교육진흥원, 해외 평생교육 정책동향 시리즈』 3, 2008.
이성균, 「독일 성인교육에 관한 연구」, 『한국콘텐츠학회논문지』 12, 2012.
이성규, 「독일의 이원화체제 직업교육이 청년실업률에 미치는 영향 연구－한국 직업교육의 개선방안을 위한 시사점을 중심으로」, 『한국콘텐츠학회논문지』 22(8), 2022.
이옥분, 『유럽의 성인교육』, 국립대학평생교육사, 2000.
장진호, 『평생교육과 사회교육』, 동문사, 1985.
조용하 외, 『평생교육의 이해』, 동문사, 2001.
차갑부, 『평생교육론』, 교육과학사, 2014.
송창용·김민경, 「주요국의 직업교육동향」, 『직업과인력개발』 12(1), 2009.

안세화, 「독일 듀얼시스템은 최근 Industry 4.0에 대응하여 어떻게 변화하고 있는가?」, 『경상논총』 31(1), 2021.

유진영, 『독일의 직업교육과 마이스터 제도』, 학이시습, 2016.

______ 외, 독일 직업분야 평생교육 체제 및 시사점」, 『Andragogy Today－Interdisciplinary Journal of Adult & Continuing Education』 20(3), 2017.

이동임, 『독일 고등교육 이원화 제도의 성과와 한계』, 한국직업능력개발원, 2016.

______, 「Industry 4.0에 대응한 독일 직업교육훈련제도의 최근 변화」, 『THE HRD REVIEW』 22(3), 2019.

______, 「일학습병행 거버넌스의 혁신에 관한 탐색적 연구」, 『경상논총』 39(3), 2020.

______ · 김상진 · 서유정, 『주요국 자격제도의 성과와 한계』, 한국직업능력개발원, 2014.

이상호, 「산업현장 일학습병행제의 현황과 민간자율형 일학습병행제의 정책과제－아우스빌둥 사례 연구」, 『한독경상학회 동계학술대회 자료』, 2019.

이승 외, 『고등직업교육 중심기관으로서 전문대학 육성 방안』, 한국전문대학교육협의회, 2013.

이용순, 「4차 산업혁명 시대와 '미래 직업교육 4.0'」, 『월간교육』 6, 2017.

이호근, 「독일의 청년실업과 고용대책-직업교육훈련 '이원체제(dual system)'를 중심으로」, 『한국사회정책』 24(3), 2017.

장석인, 「독일의 이원화 직업교육훈련제도의 실태와 우리나라에의 시사점」, 『경상논총』 23, 2006.

전승환 · 오호영 · 이수정 · 김대영 · 이한별, 『일학습병행제의 지속가능성 제고를 위한 제도개선 방안』, 한국직업능력개발원, 2017.

정미경, 「산업주도 지역협력형 독일의 이원화 대학－바텐뷰템베르크 이원화 대학 사례를 중심으로」, 『The HRD Review』 18(21), 2015

______ · 이상근, 「문화적 전통이 직업교육에 미치는 영향에 관한 연구－한국에서 이원화 직업교육은 발전가능한 것인가」, 『경상논총』 38(1), 2020.

정철영, 「능력중심사회 실현을 위한 전문대학의 역할과 과제」, 한국전문대학교육협의회, 2014.

조규형 외, 「특성화고등학교 졸업예정자의 취업결정요인」, 『농업교육과 인적자원개발』 46(1), 2014.

한삼수, 「한국과 독일의 평생교육 비교 분석」, 원광대 박사논문, 2004.

한숭희, 『평생교육론』, 학지사, 2004.

한국전문대학교육협의회, 『전문대학교육 30년』, 2010.

홍민식, 『4차 산업혁명에 따른 평생교육 혁신 방안－주요 선진국의 사례 및 시사점을 중심으로』, 교육부, 2019.

Backhaus, Wolfgang, *Netzwerkmanagement für Lernende Regionen am Beispiel des BMBF-Programms 'Lernende Regionen-Förderung von Netzwerken'*, Ham burg, 2013.

Blankertz, Herwig., *Berufsbildung und Utilitarismus*, Düsseldorf, 1963.

Bonjean, D., *The Bologna Process and the European Higher Education Area*, Education and Training, European Commission, 2018.

Brings, Christin, 「세계의 교육－독일의 고등학교 단계 직업교육과 마이스터 양성」, 『교육개발』 39(4), 2012.

Bundesinstitut für berufliche Bildung, *Duales Studium in Zahlen 2019, Trends und Analysen*, Bonn, 2020.

Bundesministerium für Bildung und Forschung BMBF, *Berichtssystem Weiterbildung IX - Integrierter Gesamtbericht zur Weiterbildungssituation in Deutschland*, 2006.

Der Senat der Leibniz-Gemeinschaft, *Stellungnahme zum Deutschen Institut für Erwachsenenbildung－Leibniz-Zentrum für lebenslanges Lernen e, V.*, Bonn, DIE, 2016.

Deutsche Botschaft Seoul, *Deutsche Fachhochschulen und Industrie 4.0, Deutschland ist...Industrie 4.0*, Seoul, 2020.

Deutscher Industrie- und Handelskammer, *Aus- und Weiterbildung in Zahlen : Der Beitrag der Industrie- und Handelskammern*, 2016.

Dybowski, Gisela, 「독일 직업훈련의 효율과 특성」, 『국제노동브리프』 5, 2014.

Ein Portal der TarGroup Media GmbH & Co. KG, *Wegweiser, Duales Studium 2018-Statistiken & Trends*, 2018.

Elsholz, U., & Neu, A.. Duales Studium-Hintergründe, Debatten und zentrale Forschungsfelder, Bellmann, L. a.o. ed., *Schlüsselthemen der beruflichen Bildung in Deutschland: Ein historischer Überblick zu wichtigen Debatten und zentralen Forschungsfeldern*, Bonn : Bundesinstitut für Berufsbildung, 2021.

European Commission, *Leonardo da Vinci programme: 15 years of EU support for vocational education and training,* 2011.

Faßhauer, U., & Severing, "E., Duale Studiengänge : Stand und Perspektiven der Verzahnung von beruflicher und akademischer Bildung", Faßhauer U. & Severing E., ed., *Verzahnung beruflicher und akademischer Bildung. Duale Studiengänge in Theorie und Praxis*, Bielefeld : W. Bertelsmann Verlag, 2016.

Funk, Lothar, 「독일의 직업교육훈련 제도의 실태와 전망」, 『국제노동브리프』, 3(6), 2005.

Kaiser, Franz-Josef, ed., *Berufliche Bildung in Deutschland für das 21*, Jahrhundert, Paderborn, 2000.

Krone, S., Neue Karrierepfade in den Betrieben : Nachwuchsbindung oder Akademisierung? Krone, S., ed., *Dual Studieren im Blick. Entstehungsbedingungen, Interessenlagen und Umsetzungserfahrungen in dualen Studiengängen*, Wiesbaden, 2015.

Kultusministerkonferenz, *Statistische Veröffentlichungen der Kultusministerkonferenz, Prognose der Studienanfänger*, Studierenden und Hochschulabsolventen, 2005.

Kupfer, Franziska a.a., *Duale Studiengänge-praxisnahes Erfolgsmodell mit Potenzial? Abschlussbericht zum Entwicklungsprojekt "Analyse und Systematisierung dualer Studiengänge an Hochschulen"*, Bonn : Bundesinstitut für Berufsbildung, 2014.

Leue, Vivien, *Triales Studium : Nichts für Faulenzer*, Deutschlandfunk, 2019.

Leschinsky, Achim, "Vom Bildungsrat (nach) zu PISA. Eine zeitgeschichtliche Studie zur deutschen Bildungspolitik," *Zeitschrift für Pädagogik* 51, 2005.

Li, Ki Hwan, *A study on Learner's Motive of Participation and Satisfying Degree in The*

Program for Lifelong Education : With lifelong education by government and public offices in the center, University Gyeongbuk, 2013.

Marzlin, Christian, *Die Exzellenzinitiative von Bund und Ländern auf demverfassungsrechtlichen Prüfstand,* Frankfurt a. M, 2015.

Mütter, Bernd, *HisTourismus : Geschichte in der Erwachsenenbildung und auf Reisen*, Oldenburg, 2008.

Nationaler Bericht von Kultusministerkonferenz und Bundesministerium für Bildung und Forschung, *Die Umsetzung der Ziele des Bologna-Prozesses 2000-2020*, 2020.

Nuiss, Ekkehard ed., *Regionale Bildungsnetze : Ergebnisse zur Halbzeit des Programms "Lernende Regionen - Förderung von Netzwerk*, Bielefeld, 2006.

Rindfleich, Eva u.a., 「독일의 이원화 직업교육－이론과 실습을 통한 전문 인력양성」, 콘라드 아데나우어 재단(Konrad-Adenauer Stiftung), 2015.

Rothe, Georg, *Berufliche Bildung in Deutschland-Das EU-Reformprogramm Lissabon 200 als Herausforderung für den Ausbau neuer Wege beruflicher Qualifizierung im lebenslangen Lernen*, Karlsruhe, 2008.

Siebert, Horst, "Erwachsenenbildung in der Bundesrepublik Deutschland－Alte Bundesländer und neue Bundesländer," Rudolf Tippelt a.o. ed., *Handbuch Erwachsenenbildung / Weiterbildung*, Wiesbaden, 2010.

Statistische Veröffentlichungen der Kultusministerkonferenz, *Prognose der Studienanfänger, Studierenden und Hochschulabsolventen*, 2005.

Weiß, Reinhold, *Duales Studium, Socialnet-Das Netz für die Sozialwirtschaft*, 2021.

Wissenschaftsrat, *Empfehlungen zur Entwicklung des dualen Studiums*, Köln : Geschäft-sstelle des Wissenschaftsrats, 2013.

Wissenschaftsrat, ed., *Empfehlungen zur Entwicklung des dualen Studiums-Positionspapier*, Mainz, 2013.